LA ACTUALIDAD DEL HERMETISMO

Raimon Arola y Lluïsa Vert

LA ACTUALIDAD DEL HERMETISMO

El mensaje de Louis Cattiaux

Herder

Diseño de la cubierta: Dani Sanchis

© 2019, Raimon Arola y Lluïsa Vert
© 2020, Herder Editorial, S.L., Barcelona

ISBN: 978-84-254-4418-0

Cualquier forma de reproducción, distribución, comunicación pública o transformación de esta obra solo puede ser realizada con la autorización de sus titulares, salvo excepción prevista por la ley. Diríjase a CEDRO (Centro de Derechos Reprográficos) si necesita reproducir algún fragmento de esta obra (www.conlicencia.com).

Imprenta: QPprint
Depósito legal: B-14.341-2020

Impreso en España — Printed in Spain

Herder
www.herdereditorial.com

In memoriam
Louis Cattiaux (1904-1953),
el filósofo de la otredad.

ÍNDICE

Presentación 11
La alquimia 13
La filosofía 17
La actualización 23
Louis Cattiaux 27

La actualidad del hermetismo 33

Introducción 35
El error y la verdad 37
Los elementos 41
«Disuelve y coagula» 47
El silencio y la palabra 53
La unidad 59
Los elegidos 65
El conocimiento 71
La nada y el todo 77
La libertad 81
El sabio 87
La vida y la muerte 93
La meditación 99
La inocencia y la sabiduría 105

El árbol de la vida	109
La locura y la visión	115
La resurrección	121
El agua y el fuego	127
La soledad y el consuelo	133
La magia	139
Las escrituras santas	145
La vida oculta	151
El despertar	157
La ocasión	163
La belleza	167
La gracia	171
La metamorfosis	177
La transmisión	181
La revelación	187
La bendición	193
El Nombre de Dios	199
El amor	205
La apocatástasis	209
El fanatismo	215
El mundo y el reino	221
Yo y tú	227
ÍNDICE ONOMÁSTICO	233

PRESENTACIÓN

La alquimia

Las leyendas creadas alrededor de la figura de Hermes y de la tradición hermética son bellas y merecen ser leídas, si bien no deben confundirse con la propia historia de este movimiento, todavía con lagunas y en construcción. En ellas se pretende sobre todo transmitir una enseñanza que insiste en la unidad de todas las filosofías y religiones. Las leyendas que se refieren a los orígenes de la tradición hermética, evidentemente fabulosos, son muchas y variadas; pero, a causa de su intención, que supera cualquier falta de rigor histórico, hemos recogido la que aparece en la *Concordance Mytho-Physico-Cabalo-Hermétique* atribuida a Fabre du Bosquet y publicada en 1769. En una larga nota de este tratado se explica el nacimiento del hermetismo a partir de un hombre de una sabiduría extraordinaria llamado Hermes, a propósito de quien el autor escribe lo siguiente:

> La casa de Canaán vio surgir de su seno un hombre de una sabiduría consumada, llamado Adres o Hermes; fue el primero que instituyó escuelas, inventó las letras, las ciencias y las artes, y, entre las ciencias había una que no comunicó más que a sus sacerdotes, con la condición de que la guardaran para sí como un secreto inviolable. Los obligó bajo juramento a no divulgarla más que a quienes hubieran encontrado dignos de sucederlos, después de someterlos a largas pruebas. Los reyes les prohibieron revelarla bajo pena de muerte. Alkandi y Gelaldinus mencionan al segundo Adris o Hermes, el apodado por excelencia Trismegisto y ambos autores se expresan así: «En los tiempos de Abraham vivía en Egipto Hermes o Adris segundo, que la paz esté con él; se le llamó Trismegisto porque era a la vez profeta, filósofo y rey; enseñó el arte de los metales, la alquimia, la ciencia de los números, la magia natural, la ciencia de los espíritus y fue la ciencia de la Naturaleza la que lo llevó a todas las demás ciencias».[1]

La ciencia secreta a la que se alude en la primera parte del texto sería la alquimia, una ciencia de la que, con el tiempo, se conocieron sus enunciados, que son precisamente los que aparecen en la *Tabula smaragdina*, atribuida a Hermes Trismegisto. Allí se hallarían

---

1 F. du Bosquet, *Concordance Mytho-Physico-Cabalo-Hermétique*, Le Mercure Deuphinois, Grenoble, 2003, p. 34.

explicados, bajo unas sentencias misteriosas, todos los secretos del arte de la transmutación y la obtención del oro filosófico. La *Tabula smaragdina* comienza enseñando que lo que está arriba es como lo que está abajo para hacer los milagros de una única cosa, es decir, los milagros de la misteriosa materia que es el fundamento de todas las tradiciones religiosas o filosóficas. Hay distintas versiones y traducciones de la *Tabula*, así como una gran cantidad de leyendas respecto de cómo se encontró.[2]

En palabras de Mircea Eliade, Hermes sería un *héroe civilizador*, es decir, alguien que conocía los secretos del fuego y, con ellos, los de la creación, por lo que su aportación a la humanidad no solo se redujo a una organización del mundo o cosmología, sino que su influencia también fue de orden espiritual. Un héroe o un herrero celeste que, como explica Eliade, «continúa y perfecciona la obra de Dios haciendo al hombre capaz de comprender sus misterios».[3]

El nombre de este descendiente de Cam es el de un dios, Hermes, con el epíteto de «Trismegisto», que significa «el tres veces grande» —pues era rey, sacerdote y profeta. Fue también el inventor de la escritura, de la agricultura, de la política y, sobre todo, de la alquimia, el gran arte en el que se concentraba el poder del cielo y la tierra y que buscaba perfeccionar la vida de los seres humanos hasta convertirlos en inmortales. Por esta razón, la palabra «alquimia» es sinónimo de «hermetismo», pues, si bien se la define a menudo como una búsqueda de oro o de riquezas, se trata asimismo, y fundamentalmente, de la ciencia de la salvación enseñada por el gran Hermes.

Se cuenta que las enseñanzas de Hermes Trismegisto se transmitieron a su discípulo más querido y que este, a su vez, las transmitió al suyo, y así, desde la más remota Antigüedad, la sabiduría de Hermes, el hermetismo, se perpetuó a través de los siglos. Igualmente se extendió a representantes de distintas tradiciones que viajaron a Egipto en busca de este saber, que, de este modo, se convirtió en la parte más íntima y original de todas ellas.

Michael Maier (1568-1622), el famoso autor de la *Atalanta fugiens* y adepto rosacruz, se refiere a este aspecto de la transmisión del saber hermético en la dedicatoria de su obra *Symbola aureae mensae duodecim nationum...*, cuyo título completo y traducido sería «Símbolos de la

---

2 Véase R. Arola, *La cábala y la alquimia en la tradición espiritual de Occidente. Siglos XV-XVII*, Palma de Mallorca, José J. de Olañeta, 2002, en particular el capítulo titulado «El origen. Hermes Trismegisto», pp. 125ss.

3 M. Eliade, *Herreros y alquimistas*, Madrid, Alianza, 1974, p. 86.

mesa áurica de las doce naciones, o las fiestas dedicadas a Hermes, o Mercuriales, que celebran doce héroes escogidos, compañeros por su práctica del arte químico, su sabiduría y autoridad».[4] En esta obra, los representantes de doce naciones, desde el más antiguo, Hermes, que representa a Egipto, hasta Alberto Magno o Ramon Llull, que representan a Alemania y España respectivamente, reúnen su saber hermético en torno a una mesa áurica, imagen de la obra alquímica.

Pues bien, según Maier, «el sujeto de la alquimia» o «el milagro de una sola cosa», otra frase que aparece en la *Tabula* atribuida a Hermes, es, precisamente, lo que une las diferentes tradiciones y las distintas épocas en una única verdad o tradición primordial.

Los filósofos herméticos consideran que las religiones y las filosofías de los hombres son el reflejo de una verdad oculta que busca manifestarse a través de lenguajes particulares, dependiendo de las distintas épocas y lugares. La *verdad*, que según la antigua iconología reside en el interior de un pozo, no puede emerger de él si no es con la ayuda de su ancestro, el *tiempo*, que acaba por revelarla. Entretanto, este ocultamiento es origen de las distintas sectas que se escinden en una infinidad de opiniones separadas de la unidad de la verdad.

En la obra que ya hemos mencionado, Maier expresa la misma opinión y advierte de lo siguiente: «entre las cosas sublunares, hay una, que es única y que parece muy abstrusa, como si no existiera», y que, sin embargo, se ofrece a «todos los que tratan de la filosofía en todas las épocas y en todos los países». Esta cosa es despreciada por la gente común, pero es sumamente apreciada por «innumerables hombres que no se adhieren a la superficie, sino que buscan penetrar la cosa en profundidad, a fin de observarla con los ojos y percibirla por el intelecto, como un punto inmóvil».[5] Esta misma cosa, que es la única verdad hermética, es también el sujeto de la alquimia, pues, según Maier, consigue poner de acuerdo a:

> Los filósofos de todas las épocas, incluyendo las más primitivas; los poetas más antiguos con sus alegorías y ficciones primordiales; los pueblos de todas las naciones, sean cual fueren sus talentos, lenguas, costumbres, religiones, leyes y otros usos en los numerosos reinos, no solo de Europa, sino también de África y Asia.[6]

---

4 M. Maier, *La table d'or*, Grez-Doiceau, Beya, 2015.
5 *Ibid.*, p. 6.
6 *Ibid.*, p. 7.

La actualidad del hermetismo

Resumiendo, la leyenda contada por Maier, y por otros muchos autores con distintas variantes, se refiere a que existe algo, una cosa, como él mismo dice, que representa la verdad que une todas las tradiciones. Esta verdad habría sido instaurada por Hermes y transmitida a través de los tiempos y las civilizaciones bajo la forma de un conocimiento nuclear, y muchas veces reservado, en el que los sabios de cada tradición coinciden y se reconocen.

La filosofía

El hermetismo alquímico debe complementarse con el hermetismo filosófico, una escuela que surgió a principios de la era cristiana y que, como veremos, se fortaleció en los albores de la Europa moderna, cuando el cristianismo necesitó validarse con otras tradiciones. Debido a ello, se buscó una propuesta de síntesis universal que se encarnaría en el hermetismo. El hermetismo filosófico —cuyo fundador se llamaba Hermes Trismegisto— tuvo un papel fundamental, pues permitió aunar el cristianismo no solo con el judaísmo, sino también con el paganismo y, en especial, con la tradición egipcia y las religiones mistéricas orientales. El conjunto de esta filosofía se conoce también como «gnosticismo», pues se trata de una piedad unida a un conocimiento, el conocimiento de la ciencia de la salvación o de la resurrección. La búsqueda de esta ciencia es un trazo esencial que define todo un *corpus* en el que se reúnen la magia con la filosofía, la teología con el estudio de la naturaleza y el hombre, la astrología con la astronomía y la ciencia de las correspondencias, etc., aunque sin mencionar directamente la alquimia.

Durante los primeros siglos de la era cristiana, en la zona oriental del Mediterráneo, se originó un conjunto de textos, conocidos como el *Corpus hermeticum*, que tuvieron una influencia fundamental en el comienzo del Renacimiento italiano, cuando se reavivó el interés por la tradición y la filosofía clásica. Esta influencia se manifestó, sobre todo, durante el concilio de Ferrara, al que acudieron intelectuales bizantinos, como Gemisto Plethon, con sus profundos conocimientos del pensamiento clásico, olvidado entonces en Occidente, y, también, a causa de la caída en manos otomanas de la ciudad de Constantinopla, en 1453, lo que provocó un éxodo hacia Occidente de monjes y eclesiásticos que traían con ellos los textos que estudiaban y que se desconocían en la cristiandad occidental. Esta llegada de nuevos conocimientos se consolidó en la corriente filosófica y cultural que se conoce bajo el nombre de «humanismo». Fue entonces cuando el florentino Marsilio Ficino, totalmente dedicado a la traducción de las obras de Platón y otros clásicos y fundador de la Academia florentina, recibió de Cosme de Médici el urgente encargo de traducir los escritos de Hermes.

El impacto de aquellos textos fue extraordinario, pues se suponía que habían sido escritos por un sabio egipcio, contemporáneo de Moisés, que profetizaba la encarnación del Hijo de Dios. Si el paganismo y el judaísmo eran los precursores del advenimiento de Jesucristo, el conjunto de la Antigüedad debía estar guiado por un mismo pensamiento, al que los renacentistas denominaron *prisca theologia*, *philosophia perennis*, empleando a veces otros nombres para aludir al mismo contenido.

A mediados del siglo XVII, el filólogo Isaac Casaubon deshizo el sueño humanista al atribuir el *Corpus hermeticum* a eruditos alejandrinos de los siglos II o III después de la aparición del cristianismo. En la actualidad, su teoría se ha vuelto discutible tras el descubrimiento de los manuscritos del mar Muerto, pues es más que probable que los textos del *Corpus* recogieran una sabiduría mucho más antigua. Sin embargo, hasta la aparición de Casaubon la influencia del hermetismo en la filosofía y el arte resultó decisiva y generó la leyenda que nos importa.[1]

En efecto, antes del giro radical que se dio en Europa a lo largo del siglo XVII respecto de la manera de pensar el mundo, el *Corpus hermeticum* fue estudiado, comentado y también cristianizado por sabios de distintas naciones, como el francés François de Foix, conde de Candale y obispo de Aire-sur-l'Adour, que escribió *Le Pimandre de Mercure Trismégiste,* un largo comentario al «Poimandres», el libro más importante del *Corpus hermeticum*, comparándolo con el Nuevo Testamento y, principalmente, con las cartas paulinas.

Junto con el estudio de los textos atribuidos a Hermes, los hombres del siglo XVI se dedicaron con ahínco al descubrimiento de la cábala hebrea, es decir, el complemento judío de las tesis de la *philosophia perennis*. Fue otro miembro de la Academia florentina, Giovanni Pico della Mirandola, quien, instruido por un rabino converso, situó la cábala en el centro de los estudios humanistas y a partir de ellos quiso resumir toda la sabiduría que en aquel momento estaba a su alcance. Para ello escribió novecientas tesis sobre las tradiciones griega, latina, árabe, judía, caldea, etc., con la intención de que su síntesis fuera la base para una discusión universal que debía celebrarse en 1487 y que, finalmente, no se realizó por decisión del papa Inocencio VIII.

Como apertura a sus tesis, Pico della Mirandola escribió un pequeño tratado titulado *Oratio de hominis dignitate* que se inicia con una cita del *Corpus hermeticum*. El sueño renacentista de la

---

[1] Véase F.A. Yates, *El iluminismo rosacruz*, Ciudad de México, FCE, 1981.

La filosofía

búsqueda de un saber universal se concretó en este opúsculo, en el que se dice que en la libertad otorgada por la divinidad al ser humano para escoger las posibilidades de su devenir residen su grandeza y su dignidad:

> Te coloqué en el centro del mundo, para que volvieras más cómodamente la vista a tu alrededor y miraras todo lo que hay en este mundo. Ni celeste, ni terrestre te hicimos, ni mortal, ni inmortal, para que tú mismo, como modelador y escultor de ti mismo, más a tu gusto y honra te forjes la forma que prefieras para ti.[2]

En muchas ocasiones se ha considerado esta idea de Pico sobre la libertad del ser humano como algo desvinculado de la religión. No creemos que fuera esta la intención del conde de Mirandola, al contrario, pues en el libre arbitrio reside la posibilidad de reconocerse como parte de Dios, o, más en concreto, de Jesucristo. Los fragmentos finales de la *Oratio de hominis dignitate* son claros al respecto, ya que en ellos se explica que en todas las tradiciones existe una transmisión secreta u oral que enseña este misterio. Pico recoge el sentido fundamental de la cábala judía, según el cual el conocimiento del misterio que se oculta tras la literalidad de las escrituras está en la tradición «sobre la boca», es decir, en el secreto que un maestro enseña de manera oral a un discípulo. Una sabiduría completa que no responde a una acumulación de datos, sino a una «transmisión» íntegra.

Un siglo después de que Pico escribiera la *Oratio de hominis dignitate*, otro joven de poco más de veintiséis años llamado Johannes Valentinus Andreae, junto con varios compañeros, escribió de forma anónima un opúsculo titulado *Fama fraternitatis* que se publicó en Kassel en 1612. El texto comienza con un saludo a los hombres de ciencia de Europa y, seguidamente, se afirma que a lo largo de los siglos el Señor ha «favorecido el nacimiento de espíritus de gran sabiduría cuya misión fue la de restablecer la dignidad del arte».[3] El arte al que se refiere el manifiesto rosacruz es el de la alquimia, pues, a principios del siglo XVII, alquimia y filosofía hermética se mezclaban y se consideraban casi sinónimos. En la introducción, el

---

2 G. Pico della Mirandola, *De la dignidad del hombre*, Madrid, Editora Nacional, 1984, p. 105.

3 J.V. Andreae, *Fama fraternitatis. Confessio*, Ciudad de México, Nuevomar, 1983, p. 26.

autor se lamenta de que se piense en este arte como algo de escasa utilidad en su época y añade:

> Las calumnias y las burlas no cesan de crecer. Los hombres de ciencia se encuentran imbuidos de una arrogancia y un orgullo tales que se niegan a reunirse para hacer un cómputo de las innumerables revelaciones con las que Dios ha gratificado los tiempos que vivimos mediante el libro de la naturaleza o la regla de todas las artes.[4]

En la *Fama* se explica la historia mítica y profundamente simbólica del fundador de la orden de la Rosacruz, Christian Rosenkreuz y se reivindica la aparición pública, aunque reservada, de dicha orden, cuyo objetivo es la búsqueda de la sabiduría por encima de los diferentes credos. Por eso consideran que los combates entre las escuelas filosóficas son absurdos y que quienes los practican poseen un «espíritu de fanáticos y vagabundos». Con estas palabras, los rosacruces se refieren de manera velada a las terribles disputas, incluso guerras, entre los seguidores de Martín Lutero y los fieles al Papa romano. Esta idea ya fue propugnada con anterioridad por la escuela o el círculo de Theophrastus Phillippus Aureolus Bombastus von Hohenheim, más conocido como Paracelso (1493-1541), que no quiso definirse a favor o en contra de ninguna tendencia. Paracelso, Andreae y sus colegas pretendían vivificar el cristianismo más allá de Lutero y de Calvino, y más allá de la ortodoxia católica, como una posible tercera vía entre los extremos de la Reforma y la Contrarreforma.

El origen de la orden de la Rosacruz estaría en manos de Christian Rosenkreuz, un personaje legendario nacido en 1378, en Alemania. En su juventud viajó a Oriente Próximo y allí estudió todas las ciencias con varios maestros que lo recibieron como a uno de los suyos. Por último, volvió a Europa para compartir sus conocimientos, pero nadie tuvo en cuenta sus enseñanzas. Por eso se dice en la leyenda que en 1407 fundó la orden de la Rosa-Cruz, una sociedad secreta que tenía como misión preservar y transmitir la sabiduría universal que Christian Rosenkreuz habría recibido de sus maestros. A partir de la aparición de los manifiestos rosacruces, en toda Europa se dio una revivificación exterior de los principios expuestos en ellos, así

---

4 *Ibid.*

La filosofía

como un deseo ferviente de acercamiento a una sociedad que hasta entonces había sido secreta, un interés que Frances Amelia Yates calificó como «un auténtico frenesí rosacruz».

En aquel momento, el hermetismo filosófico aparecería relacionado, sin ningún matiz, con el hermetismo alquímico. En el opúsculo *Azoth, ou le moyen de faire l'or caché des philosophes, de frère Basile Valentin,* publicado en 1624, el autor reprodujo el comienzo del «Poimandres», cuando el protagonista se halla en un estado de duermevela y se le aparece el mismo Poimandres; pero cuando este comienza su discurso, el texto no continúa como el del *Corpus hermeticum*, sino con una cita de la *Tabula smaragdina*, el escrito básico del hermetismo alquímico. Así, justo antes del cambio de rumbo del pensamiento europeo y de la ruina del sueño renacentista, la leyenda alquímica y la leyenda filosófica se aunaron por completo formando la sólida base del hermetismo.

Si bien esta unión debería haber seguido a lo largo de los siglos, hay que decir que desde mediados del XVII se detuvo dicho encuentro, implícito, por otra parte, en todas las tradiciones. Una nueva visión del mundo se impuso y la leyenda hermética que vivificaba el cristianismo se perdió, separándose la religión del conocimiento. La filosofía racionalista de René Descartes marginó el pensamiento simbólico, la magia, la alquimia y la cábala, unas disciplinas que, aunque en la época aún contaban con ilustres seguidores como Robert Fludd o Athanasius Kircher, dejaron de ser fundamentales en el pensamiento europeo y sus seguidores debieron definirse como eruditos y recopiladores más que como conocedores. El pensamiento simbólico fue atacado y defenestrado, la síntesis soñada se tildó de absurda, y la magia y la alquimia se empezaron a contemplar como el paso previo a la ciencia positivista, como el origen, en fin, del conocimiento moderno del mundo.

Desde entonces, el hermetismo, que hubiera podido constituir el lugar de la unión de todas las creencias y los conocimientos, se convirtió en un saber extravagante que, poco a poco, se fue diluyendo en ocultismos y espiritismos hasta llegar al siglo XX. En este camino se olvidó del todo su función soteriológica, vinculada, claro está, al mensaje cristiano, pero, obviamente, universal. El hermetismo quedó relegado a algo peregrino, como un gran despropósito. En el siglo XIX y principios del XX, el término «hermetismo» fue muy usado, demasiado, sin duda, aunque ya había perdido el sentido propuesto por los renacentistas. Un ejemplo de ello sería el texto del *Kybalión,* que pretendía resumir en siete principios el conjunto de la filosofía hermética, pero que poco o nada tiene que ver con la intención original nacida en el seno de la Academia florentina.

La actualización

En este libro proponemos retomar el hilo que se rompió en el siglo XVII e indagar dónde podría hallarse un vestigio de la sabiduría hermética en la actualidad. Se trata de una propuesta compleja, pues en este tema confluyen tantas variantes que resulta prácticamente imposible ordenarlas. Por eso, creemos que el camino más adecuado consiste en recuperar y analizar los aspectos propios del hermetismo, cuya vigencia es tan real a comienzos del cristianismo como en la actualidad, ya que todos ellos tratan del misterio de la regeneración del ser humano.

Partimos de uno de los fenómenos más importantes del siglo XX europeo: el paso del cristianismo confesional al conocimiento y respeto por las distintas religiones que no comparten tal vocación. Aunque este cambio constituye uno de los acontecimientos decisivos en la historia del siglo XX occidental, con él el cristianismo no solo perdió sus prerrogativas a la hora de presentarse como la religión por antonomasia, sino también su propuesta más íntima: la salvación.

De manera paradójica, la globalización o unión de las tradiciones se ha promovido desde el cristianismo occidental y, en cambio, es en esta tradición donde se encuentra el primer obstáculo para ello, pues si se tiene en cuenta que el cristianismo se fundamenta en la venida del Salvador, ¿cómo se puede discurrir sobre la salvación en tradiciones cuyo planteamiento nace de otros puntos de vista? Ciertamente, es imposible y obliga o bien a menoscabar la venida del Salvador (es decir, a esconder aquello central de la religión cristiana), o bien a explicar que la misma figura se encuentra en otras tradiciones, cosa que choca con la ortodoxia expresada en el credo cristiano, en el que se dice que Jesucristo es, citando a Pablo: «la imagen del Dios invisible, el primogénito de toda creación» (Col 1,15), y citando a Juan: «el unigénito que está en el seno del Padre» (1,18).

La propia Iglesia romana, sin embargo, reconoció en el Concilio Vaticano II que puede haber salvación fuera de la Iglesia; cabe preguntarse entonces dónde se esconde el misterio de la salvación. Y aquí reside la importancia de la filosofía hermética, pues está de manera indisoluble ligada a este misterio. Las distintas facetas de la ciencia de Hermes son soteriológicas; por ejemplo, la finalidad de la alquimia es la adquisición no del oro vulgar, sino del oro potable que regenera y salva a quien lo ingiere.

Es evidente que en las demás formas religiosas ajenas al cristianismo, y no solo en las monoteístas, la salvación es fundamental, pero se explica desde otro lenguaje que genera un discurso distinto y propio. Mezclarlos parece un despropósito puesto que se termina diluyendo el contenido de cada uno de ellos. Cuando se enmascara el propósito primero, el resto son galimatías ocultistas o erudiciones vacías; así, la llamada «filosofía perenne» debería servir para comprender que toda religión representa un camino de salvación de la vida encarnada.

Como resultado de esta búsqueda de la unidad de las distintas tradiciones, Aldous Huxley publicó en 1945 una estimable obra titulada *The Perennial Philosophy*, en la que se recogen los textos de distintas manifestaciones espirituales. Sin embargo, el sentido tradicional de los mismos se va diluyendo en ideas morales y contemplativas que no conducen al centro de la propuesta de los fundadores de las religiones. A partir de Huxley, otros muchos autores han reunido textos de distintas procedencias, con el fin de comprobar que todos ellos propugnan el mismo mensaje, si bien, demasiado a menudo, el punto de unión es una vaga experiencia mística muy válida, pero, según los filósofos herméticos, insuficiente. El tema es muy sutil y no puede entenderse sin el punto de partida, es decir, sin el misterio central del cristianismo; dicho de otro modo, para alcanzar el núcleo esencial que puede unir las distintas tradiciones espirituales que han acompañado al hombre a lo largo de la historia, es necesario referirse a la paradoja absoluta que enseña el cristianismo mediante la figura de Jesucristo... o del oro filosófico.

«La paradoja absoluta» es la expresión que utiliza Karl Barth[1] para referirse al misterio cristiano, ya que supone la encarnación del universal absoluto en un particular. El nacimiento del Hijo está más allá de cualquier comprensión y, sin embargo, toda la cristiandad se fundamenta en este imposible. Al desdeñarlo, se genera una antropología muy interesante, pero que provoca un alejamiento de la cristología, que debería constituir el núcleo del encuentro entre las tradiciones. Para no suscitar equívocos queremos aclarar que, con todo lo dicho, nos referimos a la concreción del espíritu, no a una figura histórica que posiblemente nació en Galilea a principios de nuestra era. En la actualidad, el encuentro de las distintas tradiciones se basa en la espiritualización del cuerpo, pero no en la corporificación del

---

1 Véase K. Barth, *Carta a los romanos*, Madrid, BAC, 2002.

espíritu. Este es el planteamiento del hermetismo que desarrollaremos a lo largo de estas páginas a partir de la obra de Louis Cattiaux. En el lenguaje hermético, la cristología representa la divinidad en esencia y en sustancia, un misterio que el hombre no puede comprender pero que puede experimentar. El rito eucarístico sería el ejemplo indiscutible. Sin embargo, al ser incomprensible, la vida espiritual no penetra en la «paradoja absoluta» ni en la salvación. Cattiaux escribió lo siguiente en una de sus cartas: «Ciertamente, algunos, habiéndole buscado toda su vida lo han recibido dentro de su espíritu, pero también en espíritu, mientras que los escasísimos elegidos de quienes te hablo lo han recibido en cuerpo dentro de su cuerpo. Esto es realmente increíble y hasta inconcebible».[2] Quizá por eso la Iglesia haya ocultado estos misterios, si bien no ha dudado en mostrarlos en forma de rituales; por ello Cattiaux exhorta a los «inteligentes en Dios a descubrirlos y gozarlos eternamente».

Louis Cattiaux resume el encuentro del cristianismo con el hermetismo con la expresión «Hermes-Cristo», que también utilizó Henry Corbin en su obra *L'homme de lumière dans le soufisme iranien*, en la que se refirió a la relación que aparece en un antiguo texto gnóstico entre el pastor Hermas y Cristo. *El pastor de Hermas* es un breve relato particularmente rico en visiones simbólicas que el canon neotestamentario había admitido antiguamente, pero que, en la actualidad: «... no pertenece ya sino al canon ideal de una religión personal, en la que se sitúa al lado de los Hechos de Tomás».[3] En su obra, Corbin reproduce algunos fragmentos del libro, como el que sigue:

> Hermas está en su casa, sentado sobre su lecho, en estado de profundo recogimiento. Entra de repente un personaje de apariencia extraña que se sienta a su lado y le dice: «He sido enviado por el Ángel muy santo para vivir junto a ti todos los días de tu vida». Hermas piensa que la aparición quiere tentarlo: «¿Quién eres? Pues sé a quién he sido confiado». «Entonces él me dijo: "¿No me reconoces?"». «No». «Soy el Pastor al que has sido confiado». Y mientras hablaba, *su aspecto cambió, y entonces reconocí a aquel a quien había sido confiado*».[4]

2 L. Cattiaux, *Florilegio epistolar. Reflejos de una búsqueda alquímica*, Tarragona, Arola, 1999, p. 58.
3 H. Corbin, *El hombre de luz en el sufismo iranio*, Madrid, Siruela, 2000, p. 43.
4 *Ibid*.

La actualidad del hermetismo

Como no podía ser de otro modo, Corbin relaciona este texto cristiano con el comienzo del «Poimandres» hermético, y añade:

> Está claro que la cristología no comenzó por ser en su origen lo que devino después con los siglos. No es casualidad que, en el pequeño libro de Hermas, las expresiones «hijo de Dios», «arcángel Miguel», «ángel muy santo», «ángel magnífico», se crucen y se entrelacen inextricablemente. La visión de Hermas resaltó las concepciones presididas por la figura de *Christos Angelos*, y la situación así determinada sugiere esta analogía de relaciones: el pastor Hermas está respecto del ángel magnífico en la misma relación que está, en Sohravardî, la Naturaleza Perfecta de Hermes respecto del ángel Gabriel, como Ángel de la humanidad y Espíritu Santo.[5]

Cattiaux se refiere a Cristo-Hermes[6] para subrayar que el misterio del cristianismo es el mismo que el de los antiguos egipcios, origen de la tradición hermética más genuina. En otra carta se refiere al tema del tesoro escondido que guarda la Iglesia, pero que no reconoce, sino que, al contrario, lo entierra en el olvido. Una desgracia si tenemos en cuenta que solo gracias a la ciencia de Hermes es posible penetrar en el «misterioso y oculto significado de la vida y pasión del Señor Cristo».[7]

Aunque el lenguaje de Louis Cattiaux esté vinculado al cristianismo, en ningún momento pretendió presentar esta tradición como la única verdad, ni mucho menos desdeñar las demás tradiciones, al contrario, precisamente en la obra de este autor que nos servirá para adentrarnos en los asuntos herméticos, *Le Message Retrouvé*, cada capítulo o libro se abre con dos citas que provienen de los distintos libros sagrados, desde los maestros taoístas hasta el Corán, Pablo o los Vedas, etc. Es innegable, sin embargo, que el cristianismo constituye el humus de donde nace su escritura, no solo por su educación, que también, sino porque es el campo en el que puede profundizar con más facilidad hasta adentrarse en su centro más interior y secreto. En las cartas habla de Cristo-Hermes porque al ahondar en un lenguaje se comprenden todos los demás, y en ello reside el hermetismo más genuino y veraz. En el próximo apartado nos referiremos a este autor y a su obra.

5   *Ibid.*, p. 44.
6   L. Cattiaux, *Florilegio epistolar...*, *op. cit.*, p. 58.
7   *Ibid.*, p. 120.

Louis Cattiaux

La vida de Louis-Ghislain Cattiaux (1904-1953), como la de tantos otros artistas de su generación, estuvo dedicada a su pintura y a la búsqueda de un espacio propio en el agitado ambiente vanguardista parisino de los años de entreguerras. Participó en concursos y certámenes, expuso en distintas salas, montó una galería de arte llamada *Gravitations* y contribuyó a la gestación de un movimiento artístico, el Transhylisme. Sin embargo, a los treinta y pocos años sus anhelos cambiaron; el artista dejó de interesarse por la pintura y se consagró casi en exclusiva a la búsqueda del «Absoluto» —término utilizado por su biógrafo, Bernard Dorival—. A partir de este momento, la creación artística queda relegada a un segundo plano y empieza a describir su búsqueda esencial y sustancial en lo que será su gran libro: *Le Message Retrouvé, ou l'Horloge de la Nuit et du Jour de Dieu* (a partir de aquí, *El Mensaje*).[1]

El Mensaje se convirtió en el centro vital de los últimos catorce años de la vida de Cattiaux, y, sin embargo, se resistía a publicarlo con su nombre, pues, según se dice en uno de los más de seis mil aforismos que forman el libro, le fue dictado: «El Libro ha sido escrito bajo la inspiración del Espíritu. El autor es tan ignorante y está tan desprovisto al terminarlo como lo estaba al comenzarlo» (*El Mensaje* 37, 69). Por eso su intención era que apareciera bajo un seudónimo, un nombre hermético.

Este proceder hubiera continuado con la manera de actuar de los antiguos alquimistas, que acostumbraban a firmar sus obras con seudónimos o, incluso, utilizaban los nombres de antiguos sabios ilustres tras los que escondían su autoría real; en este sentido, Didier Kahn explica lo siguiente: «Los alquimistas siempre han recurrido a esta práctica próxima a la falsificación, que consiste en atribuir sus obras a autoridades que, en la Edad Media, fueron por lo general los grandes doctores del mundo intelectual: Alberto Magno, Tomás de Aquino...»;[2] de este modo, estos sabios ocultaban al mundo su personalidad exterior. Otro ejemplo podría ser Louis Claude de Saint-Martin, que firmó su primer libro como «El filósofo des-

---

[1] Usamos la edición: L. Cattiaux, *El Mensaje Reencontrado o el Reloj de la noche y del día de Dios*, Barcelona, Herder, 2011; también la edición bilingüe francés-castellano: *El Mensaje Reencontrado...*, Tarragona, Arola, 2000.

[2] Citado en N. Flamel, *Écrits alchimiques*, París, Les Belles Lettres, 1993, p. 100.

conocido», pues, según explicaba, le fue dictado por un «agente desconocido».

Teniendo en cuenta lo que acabamos de apuntar, Cattiaux podría denominarse *el filósofo de la otredad*, ya que quien escribió *El Mensaje* fue alguien distinto al personaje Cattiaux que vivía y pintaba en París a comienzos del siglo XX. La sabiduría que está en *El Mensaje* es una docta ignorancia, según el término de Nicolás de Cusa, puesto que su autor no describe su saber particular, el de este-mundo, sino una vida distinta a la suya, la vida del *mundo-por-venir*. Entre Louis Cattiaux y quien escribió en realidad *El Mensaje* existe una completa otredad. Dos realidades diferentes: la primera, la de Cattiaux, la ignorancia; la segunda, la filosófica. Hablar de la primera es vano; la segunda, sin embargo, alude al misterio que fundamenta el hermetismo y todas las tradiciones espirituales: la palabra inspirada o la palabra del otro. Es sumamente interesante, en este sentido, un comentario de Amador Vega a la siguiente frase del Maestro Eckhart: «La salida de Dios es su entrada». Estas son las palabras de Vega:

> Se trata del mismo modelo, regido por dos polos, salida-entrada: cuanto puede ser dicho, pronunciado en el exterior (la Escritura) es vano si todavía hay distinción entre quien dice y lo que es dicho... No hay posibilidad de pronunciar el Verbo, la palabra, si no se es ya el Verbo mismo.[3]

En la otredad está «el mensaje» de *El Mensaje*. En la actualidad, cuando el individualismo de la inteligencia y la voluntad del ser humano es el motor de la sociedad, cuesta comprender este mensaje. Los prejuicios en relación con la otredad ahogan el misterio. De este modo, se ha llegado hasta el punto de preferir hablar de esquizofrenia u otras patologías antes que de revelación, o incluso de inspiración. Si es así, ¿cómo puede hablarse todavía de un lugar para el espíritu?

Los antiguos denominaron de diversas maneras el concepto que nos ocupa. Por proximidad histórica, recogemos el término utilizado por la masonería: el *verbum dimissum* o «la palabra perdida». René Guénon explica su sentido: «Es sabido que en casi todas las tradiciones se alude a algo perdido o desaparecido que, sean cuales sean las formas con las que se lo simboliza, tiene en el fondo siempre el

---

3 A. Vega, *Tres poetas del exceso,* Barcelona, Fragmenta, 2011, pp. 84 y 85.

mismo significado; es ante todo la pérdida del estado primordial».⁴ Una realidad primordial que, después de la expulsión del Paraíso, permanece oculta en el interior del ser humano y que al ser desvelada por el don del Espíritu celeste, o Espíritu Santo, deviene la palabra reencontrada, el Verbo, que René Guénon, en el mismo artículo, relaciona con el Nombre de Dios hebreo, *HaShem*.

En diversos versículos, Cattiaux se refiere a este estado perdido, a esta realidad primordial calificada tradicionalmente de divina y que se identifica con el yo profundo e íntimo de todo ser humano. Un ejemplo de ello sería el que sigue: «Muchos están dormidos hasta el punto de olvidarse en ocupaciones vanas o siniestras, y muy pocos están lo suficientemente despiertos como para buscarse en los libros santos y encontrarse bajo el velo de la creación mezclada» (*El Mensaje* 18, 35), o: «Los que rechazan el Libro rechazan su propia vida sin saberlo» (*El Mensaje* 24, 20).

El Mensaje surge de esta raíz original, oculta y aletargada en el hombre, que una vez despierta y unida con su complemento celeste se convierte en mensajera de dicho mensaje. En el versículo 4 del libro 35 se puede observar un añadido autógrafo a la primera prueba pasada a máquina, en el que se vincula esta unificación con el hecho de convertirse en mensajero reencontrado: «Así, al penetrar hasta el centro secreto, cada uno será unificado en la unidad del Único y se convertirá en Mensajero Reencontrado». Extraordinaria sutileza para explicar quién es el otro: aquel que conoce la Unidad de lo divino, que está en el interior del hombre, y lo divino, que está fuera de él.

> 4' Ainsi pénétrant jusqu'au centre
> secret chacun sera unifié dans
> l'unité de l'Unique. et deviendra
> messager Retrouvé.

1. Manuscrito de la segunda parte de *El Mensaje Reencontrado*, con anotaciones de Louis Cattiaux (colección particular, España).

---

4   R. Guénon, «Parole perdue et mots substitués», *Études Traditionnelles*, julio-diciembre de 1948 y reproducido en R. Guénon, *Estudios sobre la masonería y el compañerazgo*, Madrid, Sanz y Torres, 2010.

Hemos llamado a Cattiaux *el filósofo de la otredad* porque en su obra no describe su realidad caída, sino aquella paradisíaca que es el lugar propio del espíritu del ser humano, pues es su realidad esencial y sustancial. No fue Cattiaux quien escribió el *mensaje*, sino el Dios despierto, la interioridad, una divinidad que languidece en cada hombre y de la que podría decirse que, una vez despertada por la gracia celeste, es aquello propiamente humano. Al rechazar al Dios de las religiones exteriores, el hombre occidental ha borrado también lo propiamente humano. ¿Cómo se puede separar a Dios del hombre y cómo es posible separar al hombre de Dios? Solo cabe entender que es por el peso extremo de la ignorancia que niega la otredad en quienes somos e impide que el espíritu repose en el lugar adecuado.

La serie de los tres versículos que siguen muestra con claridad la otredad de *El Mensaje:* «¿Quién ha escrito el Libro verdaderamente? El mismo. Él. Y ¿quién lo lee en verdad? El mismo. Él» (*El Mensaje* 32, 11-13). Como se puede comprobar en la imagen, el texto combinado con la disposición original es más que elocuente:

11. Qui a écrit le Livre véritablement ?	11'. Et qui le lit en vérité ?
12. Le même.	12'. Le même.
13. LVI.	13'. LVI.

2. Fragmento de la edición de *El Mensaje Reencontrado* de 1956.

El autor convirtió el pronombre LVI («él», en castellano) en el nombre del Dios que dictó *El Mensaje*. Este está dedicado «A la gloria de Dios y para el servicio de los hombres», el nombre «Dios» va acompañado de un asterisco que remite a una nota a pie de página en la que se dice: «LVI: El fuego secreto que suscita los Universos, que los mantiene y que los consume».

LVI es el lugar donde el espíritu encuentra su morada, por eso no es retórico decir que *El Mensaje* está dirigido «al servicio de los hombres», pues el hermetismo propuesto en él, al igual que el del Renacimiento, pretende crear un lugar físico, aunque puro, para que el espíritu universal pueda habitar en este mundo. Una sentencia del *Midrash Raba* que nos sirve para cerrar esta introducción dice así: «El Santo-bendito-sea es el lugar del mundo, pero el mundo no es su lugar»,⁵ otra paradójica afirmación que Carlos del Tilo explica del modo siguiente: «El mundo está contenido en él, y no él en el mundo. Por lo tanto, su lugar no es el mundo, sino que él está en un lugar en el mundo, y es él quien da al mundo su consistencia, y este lugar es su residencia en el mundo».⁶

En este lugar se produce el encuentro del cielo y la tierra; por ello, los filósofos herméticos afirman que no está en el mundo inferior, en la tierra; ni está en el mundo superior, en el cielo. Se halla en aquella escalera —que Jacob vio en sueños— que une ambos mundos, el superior y el inferior, y por donde suben y bajan los ángeles. Es importante el orden, pues el texto bíblico especifica que subían y descendían, ante lo cual los rabinos se preguntan: ¿de dónde subían? La respuesta, muy sutil, enseña que subían de lo que Cattiaux y tantos otros llamaron el «corazón».

Un filósofo hermético-cristiano y también alquimista llamado Thomas Vaughan, hermano del famoso poeta Henry Vaughan, en 1650 escribió lo siguiente sobre esta escalera y la experiencia que conduce hasta ella:

> La escalera de Jacob es el mayor misterio de la cábala, con Jacob en un extremo, abajo, y Dios en el otro, arriba, [...]. Se dice que Jacob estaba dormido, es un discurso místico, que significa la muerte, esta muerte que los cabalistas denominan *mors osculi* o «muerte del beso», de la que no pronunciaremos ni una sílaba.⁷

Los lugares de culto, los ritos y los símbolos exteriores son reflejos del espíritu cuando está en su lugar; todos ellos aluden a este encuentro. El hombre, en tanto que ser espiritual, vive la aventura de reconocerse como tal en el mundo exterior, el mundo caído, y las herramientas exteriores pueden guiarlo en la búsqueda, pero no pueden sustituir la experiencia que representan. Cuando se confunde lo interior con lo exterior, el símbolo con la experiencia, la verdad de Dios se diluye en la absurdidad de la vida exiliada; pero, cuando el espíritu está en su lugar, la unión del espíritu y el lugar revela *el-ser-que-es-Dios*.

---

5 *Midrash Raba,* Jerusalén, Levin Epstein, s.d., LXVIII, § 9.
6 C. del Tilo, *El libro de Adán. Textos y comentarios sobre las tradiciones hebrea, cristiana e islámica,* Tarragona, Arola, 2002, pp. 50 y 51.
7 T. Vaughan, *Oeuvres complètes,* Saint-Leu-la Forêt, La Table d'Émeraude, 1999, p. 194.

La actualidad del hermetismo

Tal es el propósito de *Le Message Retrouvé*, de *El Mensaje*, en el que aparecen multitud de temas, pero en el que todos ellos se articulan y ordenan en torno a la imposibilidad de separar a Dios de la humanidad, el espíritu de su lugar, pues como ya escribió Pico della Mirandola, esta es la dignidad del ser humano y, también, el núcleo de la ciencia hermética.

«Cuando comentemos una Escritura santa, un rito o un símbolo, añadamos para los oyentes y para nosotros mismos: "He aquí una de las numerosas interpretaciones de la verdad Una. Dios es el único dueño de la vestidura y de la desnudez"».

(*El Mensaje Reencontrado* 15, 4)

LA ACTUALIDAD DEL HERMETISMO

Introducción

Las páginas que siguen son tanto un estudio acerca de diferentes temas herméticos como una recopilación de comentarios, escritos u orales, que, sobre distintos versículos de *El Mensaje,* hicieron los hermanos Emmanuel y Charles d'Hooghvorst. Ellos conocieron personalmente a su autor y, después, se dedicaron al estudio de las distintas tradiciones occidentales: la hebrea, la islámica, la griega, la romana, la gnosis, etc., siempre a partir del perfume hermético que emana de la obra de Cattiaux.

A pesar de su aparente simplicidad, los versículos que componen este libro son difíciles de abordar por la multitud de significados y niveles de lectura que encierran. Desde el más evidente, hasta el alquímico más impenetrable. Pero lo más significativo es que en todos ellos se encuentra la ciencia de Hermes concebida desde la actualidad, es decir, una soteriología o una búsqueda de la auténtica dignidad del hombre.

Quizá la manera más sencilla de entrar en contacto con *El Mensaje* sea la que propuso el propio Cattiaux, y que se resume en abrirlo al azar y leer el versículo que aparezca ante nuestros ojos o que hayamos subrayado. *El Mensaje* se compone de cuarenta capítulos o libros, pues así los denominó su autor, titulados todos ellos con un anagrama de la frase que aparece en el primero y que es *Vérité nue,* o «Verdad desnuda», más otro título. Cada libro consta de un número indeterminado de versículos que responden a una lógica interna de la propia obra. Los versículos están ordenados en dos columnas, a la izquierda y a la derecha, que se complementan una a la otra; o en tres, con una tercera, central, que resume y concluye el sentido del versículo. Por eso, citaremos primero el número del libro y después el número del versículo.

El azar ha sido también el modo utilizado para ordenar los comentarios que siguen; no se han escogido los temas según un guion premeditado, sino que corresponden a una serie de tiradas azarosas hechas durante la confección de este trabajo. Creemos, sin embargo, que los principales temas herméticos no han quedado sin aparecer.

El error y la verdad

El mundo que conocemos a partir de los sentidos exteriores es solo una apariencia; por eso son necesarios unos sentidos interiores capaces de percibir la realidad verdadera que, si bien es sutil, no es inmaterial como pudiera serlo una idea. Lo que en la presentación hemos llamado la «verdad» no existe en el mundo exterior, y quien pretenda lo contrario está en la no-verdad, es decir, en el error, pues solo conoce el mundo de la ilusión (*maya,* según el hinduismo), aunque no sabe que vive en él. Así, el no-ser podría denominarse «error», mientras que la verdad sería «el ser». El siguiente versículo de *El Mensaje* se refiere a ello:

El que está en el error intenta imponerlo a los demás.

El que posee la verdad se esfuerza en aplicarla a sí mismo.

Esta es la señal que no engaña.

La verdad que separa y que une. Unos. Dos. Uno y nada más.

«Sea cual fuere lo que hayamos decidido hacer, perseveremos hasta que el absurdo o la luz de Dios nos libere y nos haga libres en el acto y en el reposo». (*El Mensaje* I, 1)

«El que está en el error» es quien solo conoce la exterioridad. Este vive en la ilusión, por lo que su error es inevitable, al igual que su fanatismo, pues «intenta imponerlo a los demás». En cambio, «el que posee la verdad...» va hacia el interior; su esfuerzo en la búsqueda de esta verdad se dirige siempre «hacia sí mismo». Para profundizar en este tema recurriremos a la filosofía clásica hindú y, en concreto, a la del sabio filósofo Adi Shankara (788-820), explicada por Òscar Pujol. En ella se afirma que solo existe lo que es esencial y no lo circunstancial: «La esencia de una cosa permanece, no cambia, no se destruye, no muda en otra».[1] Es decir, para que algo tenga existencia real debe perdurar en los tres tiempos: fue, es y será, siempre. Entonces, se pregunta Pujol, si nada se produce ni se destruye, ¿cómo explicarse el mundo de fenómenos y criaturas en continuo cambio? Y se acoge a la respuesta de Shankara según la cual lo único que no se transforma en el mundo es el *brahman,* porque, en realidad, el mundo no existe como algo independiente de él: «Esas criaturas que nacen y mueren

---

[1] O. Pujol, *La ilusión fecunda: el pensamiento de Śaṃkara,* Valencia, Pre-textos, 2015, pp. 52-53.

no son nada en realidad, meras fantasmagorías, imágenes oníricas que surgen y se desvanecen por arte de encanto sin dejar rastro».[2] El *brahman* es la auténtica verdad.

En la percepción se halla el error, pues lo que se ve en el exterior es un reflejo que, como tal, no tiene existencia. En el siguiente versículo de *El Mensaje,* a esta percepción se la denomina la «vestidura de ficción»: «El que ha despojado al mundo de su vestidura de ficción sonríe al bien supremo que aparece en el centro de la inmensidad movediza de la vida» (*El Mensaje* 8, 49). El bien y la verdad supremos son el *brahman*, que se encuentra cuando se abandona la percepción exterior y se abre la pura visión interior. La filosofía de Shankara podría denominarse «del conocimiento», pues desvela la ilusión, y gracias a ello el corazón del ser humano puede anclarse en el *brahman*.

En el versículo se dice: «Sea cual fuere lo que hayamos decidido hacer, perseveremos hasta el absurdo o la luz de Dios», que, en el fondo, es una repetición del primer planteamiento, puesto que el absurdo es la ilusión insustancial de la ignorancia, mientras que «la luz de Dios» es el conocimiento y la liberación. El absurdo nos muestra lo exterior; la luz de Dios nos muestra el interior donde el *atman* se convierte en *brahman.*

La propuesta de *El Mensaje* en su conjunto se dirige hacia la interioridad: «El exterior es múltiple, aparente e ilusorio. El interior es único, oculto y real. El todo no tiene nombre» (*El Mensaje* 7, 55). Esta interioridad única, oculta y real es también divina, como se dice en el siguiente versículo: «El conocimiento del hombre interior proporciona la iluminación y la posesión de Dios» (*El Mensaje* 8, 2). A partir de aquí, se entiende que en este conocimiento, que da la iluminación y la posesión de Dios, se encuentra el «mensaje» de *El Mensaje*. El mundo contemporáneo se afana en proclamar que la religión es algo personal e íntimo, lo cual es cierto, pero no en el sentido de negar la verdad objetiva de aquello que es inmutable: «El misterio de Cristo es el misterio de Dios hecho hombre y el misterio del hombre rehecho Dios» (*El Mensaje* 25, 26). Para evitar equívocos, nos referiremos a este misterio intemporal y siempre presente que se propone en el versículo que acabamos de leer con la expresión *el ser-Dios*, una existencia o un lugar en el que se aúnan lo creado con lo increado, el creador con la criatura.

Uno de los versículos del comienzo empieza con la siguiente sentencia: «La verdad que separa y que une. Unos. Dos. Uno y

---

2 *Ibid.*

nada más», que introduce al lector en un nivel de lectura que tiene que ver con la alquimia, o, como explicó Charles d'Hooghvorst en una conferencia dada en la Sorbona, con la palingenesia de la que *El Mensaje* da testimonio. «Palingenesia» significa «nuevo nacimiento» o «regeneración». Charles d'Hooghvorst se refirió a unas notas del propio Cattiaux en las que afirmaba que la palingenesia era el término más elevado de la alquimia, mientras que la crisopeya, o fabricación del oro, era el más bajo. Respecto de la primera, D'Hooghvorst citó las siguientes palabras de Cattiaux: «Es la llave de oro que abre el secreto tradicional, que es la regeneración de la creación caída».³

Si bien la interioridad opuesta a la exterioridad es lo que se propone en *El Mensaje,* no abarca todos los sentidos contenidos en el libro, pues, como se desprende de la cita de D'Hooghvorst, hay una proyección exterior. En este caso, Cattiaux se estaría refiriendo a un nuevo nacimiento: el del mundo de la no-ilusión y, por consiguiente, el mundo de la pureza separado de las cortezas exteriores, como se sugiere en el versículo «La verdad que separa y que une». Para que el nuevo nacimiento pueda darse, primero es necesario *separar* el mundo real del inmundo ilusorio y, después, reunir las partes separadas que, entonces sí, configuran el mundo real. Se trataría de la famosa divisa *Solve et coagula* («disuelve y coagula»), que resume todo el arte de la alquimia. Estas operaciones se hacen con la verdad *(vérité),* que, como se verá al final, posee un significado muy concreto.

El versículo termina con dos frases: «Unos. Dos. Uno y nada más», añadidas a mano por el autor, en la primera edición de *El Mensaje.*

VÉRITÉ NUE	LA POUSSE VERTE
1. Celui qui est dans l'erreur essaie de l'imposer aux autres. Celui qui possède la vérité s'efforce de l'appliquer à lui-même. C'est la marque qui ne trompe pas.	1. La vérité qui unit et qui brise. I . II . I *et rien de plus.*

3. Fragmento de la edición de *El Mensaje Reencontrado,* de 1946, con anotaciones de Louis Cattiaux, versión A (colección particular, España).

---

3 Citado por C. d'Hooghvorst, «El Verbo perdido y reencontrado», en R. Arola, *Creer lo increíble o lo antiguo y lo nuevo en la historia de las religiones,* Tarragona, Arola, 2006, p. 192.

Observamos que después de la frase «La verdad que une y que quiebra» están escritos los números romanos: «I.II.I», y debajo: «y nada más». Se trata de un jeroglífico que explicaría la creación, la caída y la regeneración; su lectura podría ser la siguiente: el origen o la creación (I), la caída o la separación (II) y el final o la regeneración, la vuelta a la unidad (I) y finalmente: nada más. Esta propuesta terminó convirtiéndose en la frase: «Unos. Dos. Uno y nada más», quizá porque la primera creación no es la concluyente, al contrario de la regeneración, que es definitiva y única y a la que se alude con la frase «Uno y nada más», el cumplimiento último.

El Mensaje no es simple, exige una búsqueda de sentido que casi nunca es evidente. Sin embargo, cuando se encuentra, la complejidad se convierte en una evidencia que ilumina el espíritu y el corazón. En el versículo que sigue, el dos prima, puede leerse esta frase: «El final es como el principio, pero el medio nos ilumina» (*El Mensaje* 1, 2). La relación con el versículo anterior parece evidente, puesto que el final y el principio corresponderían a la regeneración y a la creación, mientras que el medio que ilumina se referiría a la caída. Pero ¿cómo puede la caída, que es precisamente la causa de todos los males, ser una iluminación? La respuesta se halla en la liturgia de la Vigilia Pascual, cuando, en relación con la caída de Adán y Eva se canta el siguiente himno: *O felix culpa quae talem et tantum meruit habere redemptorem*, que significa: «¡Oh feliz la culpa que mereció tal Redentor!»; sin la culpa original, no habría venido un Redentor, es decir, Cristo. A causa de la caída, una segunda creación ha surgido, la creación mesiánica que manifiesta la completitud de Dios en el Hijo.

Jesucristo es en realidad la VÉRITÉ NUE («la verdad desnuda») y, quizá por eso, en los cuarenta capítulos de *El Mensaje* aparecen unos títulos que encabezan las dos columnas de cada uno con las mismas letras de estas palabras, ordenadas de distinta forma. De modo que, en total, se leen cuarenta significados de un único significante: el Dios encarnado, el lugar del espíritu. Todo aparece explicado en tres cortas frases; el resto de *El Mensaje* es como un desarrollo de esta primera propuesta. «Un solo versículo iluminará a uno, mientras que otro no verá nada en todo el Libro» (*El Mensaje* 19, 37).

Los elementos

En varios versículos de *El Mensaje* se alude a los cuatro elementos, el «alfabeto de la creación» según los antiguos alquimistas. Con ellos el mundo ha sido creado y por ellos se mantiene. El siguiente versículo se refiere a la rueda de los elementos, es decir, a cómo al condensarse o al rarificarse un elemento se convierte en el siguiente de la rueda formada por los cuatro y que podría definirse como un todo.

Todo se puede comprender con su inspiración.	La tierra produce el agua y se nutre del agua.
Todo se puede examinar con su ayuda.	El agua engendra el aire y se vivifica con el aire.
Todo se puede depurar con su ciencia.	El aire se convierte en fuego y se alimenta del fuego.
Todo se puede perfeccionar con su arte.	El fuego se torna tierra y sale de la tierra. (*El Mensaje* 2, 78)
Posee todos los nombres y no tiene ninguno.	

«Todo» es también algo que se puede «comprender», «examinar», «depurar» y «perfeccionar» por parte del hombre gracias a la intervención de Dios, que presta «su inspiración», «su ayuda», «su ciencia» y «su arte». Cuando esto ocurre, la creación es todo, pues depende de la íntima alianza entre el hombre y Dios. A esta alianza también se la denomina «Único» en *El Mensaje:* «Todo es espíritu, Todo es materia; según que el Único se dilate o se condense» (*El Mensaje* 1, 58).

La creación sin la alianza no está completa, pues la caída, como si fuera una helada primaveral, detuvo su proceso de germinación. El final es la creación perfecta, el Único. Emmanuel d'Hooghvorst compara este proceso con el del mercurio en la gran obra de los alquimistas y explica lo siguiente: «Lo llaman mercurio cocido en la Edad de Oro. La naturaleza no había podido hacerlo a causa de la helada de Dite,¹ pero el Arte de Isis realizará este milagro separando por cocción lo puro de lo impuro, lo que impedía que dicha maduración pudiera llevarse a cabo».²

En el versículo aparece la necesidad de la alianza de lo humano y lo divino. Ambos se necesitan: el ser humano precisa la inspiración divina para comprender la obra de la creación, y ella, a su vez, demanda un lugar para fijarse. El hombre examina la creación y la divinidad le da las herramientas para actuar sobre ella; él depura la creación mezclada, pero lo hace gracias a la ciencia divina. Entonces, se puede hablar del Todo, que se dilata y se condensa; cuando se dilata, aparecen las formas; cuando se condensa, aparece el silencio. A modo de conclusión, se afirma en *El Mensaje:* «Posee todos los nombres y no tiene ninguno». Una sentencia que, sin duda, se relaciona con el hipógrafe del libro 25, en el que se cita el siguiente aforismo de *El libro del Tao:* «Sin nombre, está en el origen del cielo y de la tierra; con un nombre, es la madre de todos los seres». *El Tao* es el Todo que se oculta y se manifiesta; así, en el apartado 36 del *Tao te king* (o *Dao de jing*) se dice: «Si quieres disminuir algo, / debes antes agrandarlo. / Si quieres debilitar algo, / debes antes fortalecerlo. / Si quieres eliminar algo, / debes antes apoyarlo. [...] En esto reside la clarividencia escondida».³

La identidad del Todo sería «la clarividencia escondida» (algunos traductores proponen: «la sutil sabiduría de la vida»), que se refiere tanto a la realidad física del mundo como a la metafísica. En este sentido, el versículo de la derecha de *El Mensaje* es el complemento de esta enseñanza, pues detalla el movimiento del Todo a nivel físico, con la rueda de los elementos.

Y, si la física y la metafísica son dos partes de una única identidad, entonces ¿qué es lo interior y qué lo exterior?, ¿qué es espíritu y qué es materia? En ello, en estos opuestos o complementarios, reside el misterio de la alquimia que describe, una y otra vez, el movimiento ascendente y descendente del Todo. Respecto de este movimiento o juego de los elementos habría que leer el siguiente fragmento de Nicolas Valois, un maestro antiguo especialmente querido por Louis Cattiaux, que dice así:

1   Según Virgilio, Dite habita en el Averno (*Eneida*, IV, 126-131). Dante Alighieri también lo sitúa en lo más profundo de su Infierno, rodeado por una muralla de hierro y aprisionado hasta la cintura en medio de un lago helado («Infierno», XXXIV).
2   E. d'Hooghvorst, *El hilo de Penélope I*, Tarragona, Arola, 2000, p. 215.
3   Lao Zi, *El libro del Tao*, Madrid, Alfaguara, 1990, p. 161.

Los elementos

> El fuego es cálido y seco; el aire es cálido y húmedo; el agua es fría y húmeda y la tierra es seca y fría. Por eso, el fuego puede convertirse en aire según su conveniencia, a causa de la calidez que es común entre ellos. El aire puede convertirse en agua por humedad, similarmente común entre el aire y el agua. El agua puede convertirse en tierra por frigidez, que es común entre la tierra y el agua que participan de dicha frigidez. De esta manera, el fuego realiza una alianza con el aire mediante la calidez y el aire con el agua por la humedad; el agua con la tierra por frigidez. Así, al descender el fuego de uno a otro es llevado hasta el centro de la tierra, que es como un punto donde todo acaba.[4]

En *El Mensaje* se explica cómo funciona la transformación de un elemento en otro cuando se afirma: «la tierra produce el agua» y, a su vez, el agua nutre la tierra brotando de su interior; después «el agua engendra el aire» y este es quien da vida al agua; continúa el proceso cuando «el aire se convierte en fuego» y el fuego se convierte en alimento de su predecesor; finalmente, «el fuego se torna tierra» pasando por el aire y el agua, y vuelve a comenzar la rueda de los elementos.

Distintos versículos aluden a la rueda de los elementos que explican la física y la metafísica de la creación; los elementos se dilatan y se condensan, ascienden y descienden: «Elevando la tierra hasta el cielo y haciendo bajar el fuego hasta la tumba, conseguiremos la gloria de Dios por medio del agua y del aire medios» (*El Mensaje* 3, 37). En otro versículo está descrita la relación entre la tríada básica y los elementos: «La santa Madre es ligera como el aire y cambiante como el agua. El Padre sagrado es pesado como la tierra e inmutable como el fuego. La unión de los cuatro engendra el triple Hijo, quien manifiesta la creación prodigiosa del Único» (*El Mensaje* 8, 38).

La realidad del espíritu y la realidad de la materia se comportan según un mismo orden; en la primera parte del versículo que abre este apartado se explican los medios por los que el hombre y la divinidad actúan y se conjugan; en la segunda se describe el devenir de los elementos, es decir, cómo actúan estos y cómo se conjugan.

En *El Mensaje* se encuentran otros ejemplos que avalan el mismo modo de proceder del espíritu y la materia; este sería uno de ellos: «Lo que no puede ser realizado natural y sobrenaturalmente es vano, porque no tiene fundamento ni Ser» (*El Mensaje* 10, 29).

---

4 *Los cinco libros de Nicolas Valois*, Tarragona, Arola, 1996, pp. 90-91.

Lo que no tiene ni fundamento ni ser, lo vano, es el mundo ilusorio que contemplan los sentidos opacos, y que, de manera errónea, se considera real; por eso, en otro versículo se dice lo siguiente: «Contrariamente a lo que piensa mucha gente, los verdaderos realistas son los creyentes que buscan la vida sustancial y esencial que no perece, mientras que los delirantes abstractos son los que se apegan a la materia perecedera» (*El Mensaje* 22, 14).

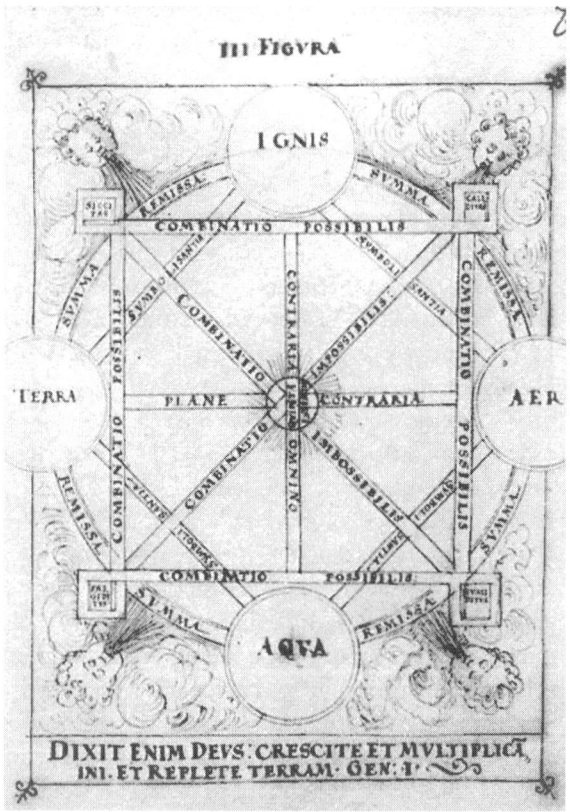

4. Cornelius Petraeus, *Sylva philosophorum*, siglo XV, figura 3.

La rueda que une los cuatro elementos y describe sus relaciones es uno de los pilares del arte de la alquimia, por eso no es difícil encontrar representaciones de ella, como la que aparece en un manuscrito alquímico de principios del siglo XVII titulado *Sylva philosophorum*, de Cornelius Petraeus, cuya explicación es la siguiente:

Aquí se muestran los medios por medio de los cuales los elementos pueden ser combinados. En cuatro círculos se inscriben los cuatro elementos unidos por cuatro conductos en diagonal que indican que son RECONCILIABLES. Entre los elementos, aparecen cuatro cuadrados con sus cualidades: SEQUEDAD y CALOR arriba; FRÍO y HUMEDAD abajo, unidos todos ellos por los lados de un cuadrado en los que se lee: «COMBINACIÓN POSIBLE», en oposición a las uniones en forma de aspa que indican: «COMBINACIÓN IMPOSIBLE». Igualmente, en los conductos en forma de cruz se puede leer respecto de la combinación fuego-agua: «DEL TODO CONTRARIA» y en cuanto a la de tierra-aire: «COMPLETAMENTE CONTRARIA». En el centro aparece otra vez la QUINTAESENCIA y en la circunferencia exterior se indica el grado de la cualidad en relación con el elemento, por ejemplo, la sequedad es una cualidad común a la tierra y el fuego, sin embargo, respecto de la tierra la sequedad es SUPREMA y respecto del fuego está DISMINUIDA. El versículo bíblico que está de pie de la figura es el que sigue: «Pues Dios dijo: "Creced y multiplicaos y llenad la tierra"» (Gn 1, 28).[5]

Se trata en realidad de un mandala occidental que enseña el proceder de los elementos y que, a su vez, descubre la alianza del hombre con la divinidad; una imagen que remite al Todo y que lo expresa.

---

[5] *La puerta. Imágenes cabalísticas y alquímicas II*, Tarragona, Arola, 2002, p. 61.

«Disuelve y coagula»

Solve et coagula, o «disuelve y coagula», son dos términos usados en la tradición hermética que se refieren a las dos operaciones que fundamentan la obra alquímica. En el siguiente versículo de *El Mensaje* se alude a estas operaciones bajo la alegoría del hombre y la mujer:

La mujer disgrega al hombre hasta el agua del aire.

El hombre consolida la mujer hasta el fuego de la tierra.

De estos dos brota el infinito de la creación perfecta, que manifiesta la gloria del Único sobre la tierra de los vivos.

La licuefacción y la vegetación de la tierra son el primer misterio.

La solidificación y la animación del agua forman el segundo misterio.

La alianza de la primera agua con la segunda tierra constituye el tercer misterio. (*El Mensaje* 3, 82)

La mujer disuelve o disgrega *(solve)* «hasta el agua del aire» y el hombre coagula o consolida *(coagula)* «hasta el fuego de la tierra». Del *solve et coagula* «brota el infinito de la creación», que es «perfecta», pues «manifiesta la gloria del Único sobre la tierra de los vivos».

«El primer misterio» es el de la tierra y consiste en «la licuefacción y la vegetación»; «el segundo misterio» es el del agua y consiste en «la solidificación y la animación». El texto de *El Mensaje* es sutil, puesto que enseña que el tercer misterio, que manifiesta la «gloria del Único», surge de la alianza de la primera agua (que es la «licuefacción» de la tierra) con la segunda tierra (que es la «solidificación» del agua).

Los misterios también se relacionan con dos reinos biológicos: el vegetal y el animal. El primero se refiere a «la vegetación» y corresponde a la mujer, que surge de la tierra primera; el segundo misterio se refiere a «la animación» y corresponde al hombre, que surge del agua segunda. Con ello volvemos al versículo: «La mujer disgrega al hombre hasta el agua del aire», que alude a la disolución que conduce a la vida al estado vegetativo; después: «El hombre consolida la mujer hasta el fuego de la tierra», una coagulación que anima la vida.

El lenguaje alquímico es preciso, pero distinto del pensamiento racionalista, puesto que los encuentros y las alianzas entre los elementos contienen unas características universales, de modo que pueden usarse distintos nombres para denominarlos, con lo que se crean significaciones equívocas. La mujer es aire y agua o, como dice el versículo, «agua del aire»; el hombre es fuego y tierra o, como leemos en el versículo, «fuego de la tierra». Así, la mujer es la realidad que se encuentra entre lo superior y lo inferior, al igual que el aire y el agua se hallan en el centro de la cadena de los elementos y sirven de intermediarios entre los que están en los extremos. El hombre representa lo superior, el fuego, y también lo inferior, la tierra. La mujer se vuelve hombre en tanto que el aire posee cualidades comunes con el fuego y en cuanto que el agua las posee con la tierra; y el hombre se vuelve mujer porque la tierra posee una cualidad del agua, mientras que el fuego la posee del aire. Siguiendo el orden citado, estas cuatro cualidades serían: caliente, seco, frío y húmedo. Es evidente que no se trata aquí del hombre y la mujer exteriores, sino de una diferencia de funciones simbolizadas por estos nombres.

El alquimista Jean d'Espagnet escribió en su tratado titulado *Arcanum hermeticae philosophiae opus* que la alquimia es un arte que solo puede ser comprendido gracias a un don de Dios. Por eso los textos de esta disciplina resultan tan oscuros e incomprensibles, pues la naturaleza se oculta a propósito y se convierte en un enigma como el que tuvo que resolver Edipo; en este sentido, D'Espagnet añade lo siguiente: «Los filósofos se expresan más libre y más significativamente por medio de caracteres y figuras enigmáticos, como por un discurso mudo, que por medio de palabras».[1]

El arte de la alquimia encontró en las imágenes figurativas la manera de expresar los misterios de la antigua verdad y mostró de modo alegórico sus combinaciones en los esquemas geométricos, que se crearon principalmente a partir del famoso Arte de Ramon Llull, si bien todos los que tienen que ver con la alquimia fueron diseñados por adeptos anónimos que, aunque se llamaran con este nombre, nada tenían que ver con el beato.

---

[1] Citado en R. Arola, *Alquimia y religión. Los símbolos herméticos del s. XVII*, Madrid, Siruela, 2008, p. 87.

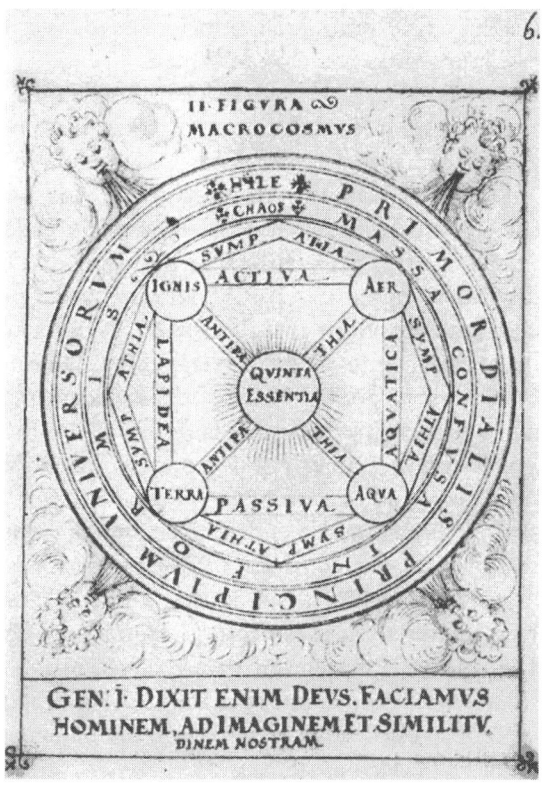

5. Cornelius Petraeus, *Sylva philosophorum*, siglo XV, figura 2.

Un ejemplo de ello es el tratado de Cornelius Petraeus, que hemos visto en el apartado anterior y en el que también aparece el esquema que presentamos y que simboliza la creación universal, o «macrocosmos», en cuyo centro se halla la «quintaesencia»: principio y reunión de los cuatro elementos, esto es, «fuego, aire, tierra y agua». Estos, que ocupan las cuatro esquinas del cuadrado, están unidos por unos conductos exteriores en los que se lee «simpatía», mientras que en los interiores, en forma de aspa, se lee «antipatía», indicando las relaciones posibles entre los elementos, tanto las contrarias como las armónicas; en los lados del cuadrado que forman los cuatro elementos se lee la naturaleza de cada relación: fuego-aire, «activa»; tierra-agua, «pasiva»; fuego-tierra, «pétrea o lapídea» y aire-agua, «acuosa». Estas relaciones se establecen por medio de las cualidades de aquellos: seco, frío, húmedo y caliente. El cuadrado está inscrito en dos círculos; en el exterior se lee: «*Hyle* primordial, principio de todas las cosas», y en el otro: «El caos, masa confusa e informe».[2] Las referencias al *hyle* y al *caos* revelan el orden implícito de los elementos, puesto que se relacionan con otra divisa hermética: *ordo ab chaos* («orden a partir del caos»). El orden que surge del caos es la sabiduría del conjunto de la realidad creada; tal como se afirma en otro versículo de *El Mensaje:* «La sabiduría del mundo es un juego del espíritu del hombre. La sabiduría de Dios es un juego de los elementos naturales» (*El Mensaje* 37, 3). Y también: «Los cuatro elementos forman el alfabeto con el que Dios enseña a los hombres clarividentes» (*El Mensaje* 5, 49). La primera clave para acercarse a este juego de los elementos sería comprender que el cuaternario es una progresión de la dualidad intrínseca de la pareja original: hombre-mujer, espíritu-materia y cielo-tierra. Esta dualidad, que necesita de lo creado para reproducirse, se relaciona con un doble movimiento, descendente y ascendente, que permite la regeneración continua del conjunto y de sus partes por medio de un semejante que facilite la unión de los extremos: espiritualizar la materia, materializar el espíritu. El primer paso conduce al reposo, el segundo a la manifestación. «La creación —se afirma en *El Mensaje*— es como la imaginación de Dios coagulada por el verbo. El reposo es como la imaginación divina licuada por el Espíritu Santo» (*El Mensaje* 18, 21).

Otra tradición, la china ancestral, describió a la perfección los movimientos o los tránsitos de la creación entre los dos principios. En el *Libro de los cambios,* o *I Ching,* la sabiduría sería el conocimiento del movimiento entre el yang y el yin. Según Jordi Vilà, autor de una excelente traducción de este libro, en origen los conceptos *yin* y *yang* se referían etimológicamente solo a las laderas, la sombría y la iluminada, de una montaña; así lo explica este autor:

> *Yin* está formado por el radical «ladera», más un conjunto de caracteres que significa «en el momento presente hay nubes». Su carácter simplificado incluye el radical «ladera» más el carácter «luna», lo que da una idea general de su polaridad. *Yang* está formado por el radical «ladera», más un conjunto de caracteres que representan los rayos del sol. Su carácter simplificado muestra

---

2 *La puerta. Imágenes cabalísticas y alquímicas* II, *op. cit.,* p. 63.

«Disuelve y coagula»

el radical «ladera» y el ideograma «sol», exponiendo las características de su polaridad.³

Es sorprendente la simplicidad original del *I Ching*, que nos sugiere que la sabiduría alquímica no es distinta de la de la vida, puesto que ambas siguen a la naturaleza. Más adelante, Vilà explica cómo se relacionan los dos principios de la manera siguiente:

> De esto no debe deducirse una noción antagónica de «dualidad», sino un sistema dinámico de complementariedad y equilibrio, una visión cíclica y relativa del Universo, en la que el *yin* llegado al extremo originará el *yang* y viceversa: *yin* y *yang* no son cosas independientes, sino dos fases de un mismo fenómeno.⁴

La fusión de las dos energías primordiales en una unidad es de una trascendencia capital, puesto que es entonces cuando el ser en el que se realiza esta fusión deviene parte consciente de la creación. Todas las combinaciones que surgen de uno a otro principio son como las mutaciones de los elementos para alcanzar su disposición ordenada y natural. Encontramos en *El Mensaje* numerosos versículos que describen estas mutaciones, la mayoría de las veces sin emplear el lenguaje alquímico, como, por ejemplo: «El hombre sin la mujer es como una piedra en el fondo desecado de un torrente, y la mujer sin el hombre es como una nube extraviada sobre el mar. ¿Quién hará la unión de los contrarios por medio de lo semejante?» (*El Mensaje* 8, 1). Sin la unión del hombre y la mujer no hay creación ni sabiduría; con su unión «por medio de lo semejante», la creación se manifiesta desvelándose la sabiduría inherente a Dios convertida en el *ser-Dios*.

Al igual que ocurre en el *I Ching*, la alquimia revela la realidad interior que se genera por la «unión de los contrarios». Las operaciones son las transformaciones de los elementos, y siempre siguen el diálogo entre el cuerpo y el espíritu. El comienzo del último versículo que hemos citado nos retorna al primero, pues allí se dice: «La espiritualización del cuerpo hace aparecer el agua y el aire que nos animan y sustentan», que podría equipararse con: «La mujer disgrega al hombre hasta el agua del aire»; y después: «La corpori-

3   *Yijing* (I Ching) *o Libro de los cambios*, Vilaür, Atalanta, 2013, p. 19.
4   *Ibid.*

ficación del espíritu engendra la tierra y el fuego que nos sostienen y multiplican», lo que equivale a: «El hombre consolida la mujer hasta el fuego de la tierra». Finalmente, el versículo termina con la siguiente pregunta: «¿Quién pesará la parte de cada cosa?» (*El Mensaje* 8, 1). Pesar «la parte de cada cosa» es el secreto que solo conocen los sabios. La combinación de cielo y de tierra debe ajustarse a proporciones exactas y vivas. Quizá por eso Emmanuel d'Hooghvorst recordaba a menudo que la raíz árabe del verbo «crear» es la misma que la del verbo «medir».

Crear la unidad entre los extremos tiene que ver con la sabiduría de la nada, pero de una nada que es la potencialidad del todo; tener esta sabiduría es conocer la ciencia de Dios. Por eso en el versículo se dice: «De estos dos brota el infinito de la creación perfecta, que manifiesta la gloria del Único sobre la tierra de los vivos», es decir, el Hijo.

El silencio y la palabra

Que Dios puede hablar al hombre directamente y sin obstáculos es la propuesta hermética invariable a través de todas las épocas. El siguiente versículo de *El Mensaje* se refiere a ello:

> Quien reconoce su ignorancia, su impotencia y sus faltas no teme a ningún competidor, y Dios puede hablarle sin trabas.

> Quien parte de lo que es, llega rápidamente a lo que será.
> Y quien lo acepta todo con amor, pronto reconoce el milagroso auxilio de la Providencia oculta del Señor. (*El Mensaje* 4, 85)

Desde este mundo podemos rezar, clamar o alabar a Dios, pero cuando el hombre es quien oye una de sus palabras, entonces este ser penetra en el *mundo-por-venir* y Dios se convierte en el *ser-Dios*. En otro versículo de *El Mensaje* se afirma algo semejante: «Quien dice una palabra a su Señor ha ganado su jornada, pero quien oye una palabra de su Señor ha ganado su vida» (*El Mensaje* 4, 14). Porque en esta palabra se produce una epifanía; es el hecho decisivo que da el sentido a la vida del ser humano. «Los mortales —aparece escrito en otro versículo de *El Mensaje*— pasan como la hierba que nace y muere, pero los inmortales permanecen como el sol bien amado en la eternidad de la vida fijada en Dios» (*El Mensaje* 26, 11). Son las dos alternativas propuestas al hombre encarnado. Negar la inmortalidad «de la vida fijada en Dios» es el devenir triste y absurdo de los que se empeñan en encerrar al hombre en la animalidad. Al atisbar la inmortalidad, en cambio, el corazón del hombre se alegra, pues se ha cumplido su destino.

Las distinciones y los honores de la tierra se esfuman rápidamente, pues son circunstanciales y exteriores; por eso *El Mensaje* aconseja no competir con nadie y que cada uno reconozca «su ignorancia, su impotencia y sus faltas», como animando a que se abandone aquello exterior que el ser humano considera valioso en pos de la autenticidad de la palabra divina.

El hombre no es Dios; quien lo pretenda es un idólatra, pero esto no significa que Dios no necesite del hombre para llegar a *ser-Dios*. En esta paradoja se halla todo el sentido de la alianza de las tradiciones monoteístas que comenzó con Abraham. El hombre mortal es portador del *ser-Dios*, como el asno que llevaba a Cristo en su entrada en Jerusalén o a la Sagrada Familia en su viaje a Egipto. El séptimo emblema del libro de Alciato está dedicado a este tema, lleva por título *Non tibi, sed religioni* («No a ti, sino a la religión»), y la imagen representa un asno llevando una estatua que es adorada por la gente a la entrada de una ciudad; el epigrama, según una traducción castellana de Pilar Pedraza, dice así:

> Un torpe borriquillo portaba una imagen de Isis, llevando en el corvo lomo los venerables misterios. Todo el que se halla a su paso adora con reverencia a la Diosa, y de rodillas le dirige piadosas preces. Pero el asno cree que el honor se le da solo a él mismo y se hincha de soberbia hasta que le dijo el palafrenero, castigándolo con unos azotes: «No eres tú el Dios, sino que llevas a Dios».[1]

6. Andrea Alciato, *Emblematum liber,* Leiden, 1591.

A menudo se afirma que el lenguaje no puede expresar la verdad, pero, en el fondo, esto es un equívoco puesto que aquel a quien «Dios puede hablarle sin obstáculos» es capaz de expresarlo todo, incluso con el silencio. El profeta o el poeta (depende de la tradición) se expresan en el lenguaje original, ya que conocen el verbo creador, oyen a Dios o a los dioses.

El hombre es el único ser de la creación con el don del habla y en la palabra está la conciencia de Dios. Según D'Hooghvorst, el mundo

---

1 A. Alciato, *Emblemas*, Madrid, Akal, 1993, p. 35.

platónico de las ideas, que es mudo y errante, está en la búsqueda perpetua de un lugar donde fijarse porque: «este pensamiento desea hablar, decirse, definirse, pesar como cuerpo y medir, pues el *logos* platónico es definido como la "medida" de todas las cosas».[2] El mundo de las ideas se conoce también como el Alma del mundo, un movimiento perpetuo que rige y da la vida a los universos.

Pero, para que «Dios pueda hablar sin obstáculos» al ser humano y para que este pueda darle un cuerpo en el que alojarse, primero deben encontrarse. En el versículo se relaciona este encuentro con el reconocimiento imprescindible de la propia «ignorancia, impotencia y faltas». Otro versículo se refiere a este aspecto, quizá con más precisión: «Cuando conozcamos que somos ciegos, sordos y estúpidos, el temor de Dios ya no será un enigma para nosotros» (*El Mensaje* 14, 1).

Según la tradición hebrea, el temor de Dios no es el miedo exterior que todos conocemos, sino que se trata de una experiencia hermética tras la que se oculta el origen de la sabiduría. En su obra, D'Hooghvorst cita la siguiente frase del Talmud que alude tanto al temor como a la palabra: «Todo hombre que tiene en él el temor de los cielos oye las palabras de Dios»,[3] una sentencia que, a su vez, es una glosa de los Salmos, en los que se dice: «El principio de la sabiduría es el temor del Señor» (III, 10). Este temor sagrado aparece cuando el hombre atraviesa el umbral y contempla *el-mundo-por-venir*. Es el mismo temor que Jacob experimentó al despertar de su sueño, como aparece relatado en los siguientes versículos del Génesis: «Ciertamente, el Señor está en este lugar y yo no lo sabía. Y tuvo miedo, y dijo: "¡Cuán terrible es este lugar! Esto no es otra cosa sino la casa de Dios y puerta del cielo"» (28, 16-17).

El fragmento de la derecha comienza con las siguientes frases: «Quien parte de lo que es, llega rápidamente a lo que será. Y quien lo acepta todo con amor, pronto reconoce el milagroso auxilio de la Providencia oculta del Señor». Lo cual, a nuestro entender, no es distinto del reconocimiento de la ignorancia, la impotencia y las faltas, y en esto consistiría precisamente «partir de lo que es». No competir con nadie en el mundo, pues, de entrada, ya está todo perdido, proporciona la libertad total que permite que Dios hable al ser humano; este sería el «milagroso auxilio de la Providencia

---

2   E. d'Hooghvorst, *El hilo de Penélope I, op. cit.*, p. 71.
3   Citado en E. d'Hooghvorst, *El hilo de Penélope I, op. cit.*, p. 327.

oculta del Señor». En una carta a uno de sus amigos, Louis Cattiaux escribió lo siguiente respecto de este reconocimiento:

> El santo cura de Ars, que quería retirarse para llorar por su pobre vida, simplemente era consciente de su lamentable posición, mientras que nosotros no la vemos. Por lo tanto, los santos no tienen más remedio que ser humildes y estar arrepentidos, pues al ver la realidad de su estado, ¿cómo podrían ser de otra manera?[4]

Reconocer «lo que es» significa ser consciente de la lamentable situación del ser humano, pero es a partir de este reconocimiento cuando surge la posibilidad de llegar a «lo que será».

Los siguientes versículos resumen esta idea: «Si no me conoces cuando soy voluble... / no me encontrarás cuando soy sabio» (*El Mensaje* 37, 16); y también: «Si tú no me conoces en mi bajeza... / no me encontrarás en mi nobleza» (*El Mensaje* 37, 67). Charles d'Hooghvorst comparaba este último versículo con las citas finales del libro II de *El Mensaje:*

> Insensato, lo que siembras no recobra vida si antes no muere... El cuerpo es sembrado corruptible, resucita incorruptible, es sembrado depreciable, resucita glorioso, es sembrado enfermo, resucita lleno de fuerza. Es sembrado cuerpo animal, resucita cuerpo espiritual (Pablo).

> Lo que está abajo es como lo que está arriba y lo que está arriba es como lo que está abajo, para hacer el milagro de una sola cosa (Hermes Trismegisto).

Ser voluble, estar en la bajeza, es reconocer «lo que es». Este primer paso es imprescindible para el segundo, para la sabiduría y la nobleza, es decir, «lo que será». Igualmente, primero el hombre se las tiene que ver con un cuerpo corruptible, despreciable, enfermo, animal, para que, después, se metamorfosee en incorruptible, lleno de fuerza, espiritual, glorioso. Una etapa conduce a la otra, la anterior cita de Hermes Trismegisto lo confirma. Es necesario reconocer quiénes somos y dónde estamos. Somos ignorantes, impotentes y

---

4 L. Cattiaux, *Florilegio epistolar...*, op. cit., p. 98.

pecadores. Al reconocerlo se manifiesta la grandeza de aquello que podemos ser en realidad.

La construcción del *ser-Dios* comienza en las raíces, allí donde no hay nobleza ni valor; sin embargo, es el lugar necesario para fundamentar el edificio santo. Descender hasta ahí comporta un peligro real. Los ocultistas de finales del XIX conocían este sitio y no dudaban en visitarlo. Uno de ellos, Stanislas de Guaita, lo llamó «el templo de Satán», al tiempo que advertía de sus peligros:

> Pero hay otros, temerarios, que saborean la poesía íntima del Mal. La tentación fue demasiado fuerte y no supieron resistirse. El espíritu de la malicia los sedujo y ahora los posee. Vagan para siempre en el torrente fluídico de la perversión, hacia el abismo de la inconsciencia que un día se los tragará. Este suicidio está al final de su destino..., lejos de crearse un «yo» ficticio, solo podrán disolver su «yo» real.[5]

La última parte del versículo afirma: «Y quien lo acepta todo con amor, pronto reconoce el milagroso auxilio de la Providencia oculta del Señor». Estamos convencidos de que uno de los sentidos de «aceptar todo con amor» sería amar «lo que es», es decir, lo más bajo, lo que se esconde en el abismo; solo entonces podremos reconocer lo que está arriba, es decir: «la Providencia oculta del Señor», la única que puede convertir «lo que es» en «lo que será».

---

5 S. de Guaita, *Le temple de Satan*, París, Carré, 1891, pp. 518-519.

La unidad

En el opúsculo místico titulado *Moradas de los corazones*, su autor, Abu-l-Hasan al-Nuri de Bagdad describe una casa que es el corazón del creyente y en ella coloca la *tawhid*, o la proclamación de la unidad, es decir, la afirmación de que *Dios es único*, tal como comienza el siguiente versículo de *El Mensaje*:

No hay más que un Dios, una verdad, una enseñanza; pero la confusión de las palabras y la sutileza de los pensamientos ocultan la evidencia de la vida eterna y movediza.

El agua asciende del abismo de muerte y desciende del cielo de vida por la potencia del amor que une toda pureza en Dios.
(*El Mensaje* 4, 92)

«No hay más que un Dios». Y, en relación con esta afirmación, que es la misma con la que se abre el Corán, Abu-l-Hasan al-Nuri escribió lo siguiente:

Debes saber que Dios —enaltecido sea— creó una casa en el interior del creyente, que se llama corazón. E hizo soplar en esta casa [del corazón] un Viento que procede de Su generosidad, y con él la purifica de la asociación, de la duda, de la hipocresía y de la discordia. Luego envió Dios [a esta casa] una nube procedente de Su gracia. Y al hacer que lloviera sobre la casa [del corazón], hizo que distintas clases de plantas germinaran: [las plantas] de la certeza, las plantas de la confianza, las plantas de la pureza de intención, las plantas del temor [a Dios], las plantas de la esperanza y las plantas del amor. Entonces Dios colocó en el fondo de la casa el diván de la Unidad *[tawhid]*, y extendió sobre el diván el tapiz de la satisfacción.[1]

En el fondo de la casa, en el lugar medular, se halla la profesión de fe del islam: la unicidad de Dios. Con esto, Dios está satisfecho puesto que está afirmado donde se debe, que es en el corazón del hombre.

---

1 A. al-Nuri, *Moradas de los corazones*, Madrid, Trotta, 1999, pp. 84-85.

El corazón del creyente se convierte así en la fuente de todo saber, puesto que es donde *Dios-se-conoce-a-sí-mismo*.

El texto de Abu-l-Hasan al-Nuri continúa como sigue:

> Luego plantó frente a la casa el árbol de la gnosis, cuyas raíces penetran el corazón del creyente, mientras que sus ramas se extienden al cielo, llegando justo debajo del Trono de Dios. Y Dios puso a la parte derecha [de este árbol] el diván, y, a su parte izquierda, un tálamo, formado de Sus leyes.[2]

Finalmente, según se dice en el texto, Dios abrió una puerta en la casa del corazón que conduce al jardín santo en el que mora su misericordia y está ornado con plantas de alabanza, plantas de exaltación, plantas de glorificación y plantas de la rememoración de Dios. Todas ellas forman el árbol sapiencial, en el que el hombre sabe y Dios se conoce. Pero cerró esta puerta para evitar que le ocurriera algún daño al corazón del creyente, se guardó la llave y no se la confía a nadie, ni tan siquiera a los arcángeles. Entonces Dios dijo: «Este es Mi tesoro sobre Mi tierra, el lugar de Mi mirada y la mansión de Mi *tawhid* [proclamación de la Unidad]. Yo soy el que habita en esta Morada de refugio. ¡Qué bendito Morador y qué bendita Morada!».[3]

El gran tesoro de Dios es Él mismo morando en el corazón del hombre. Cuando esto ocurre, morador y morada se identifican en la unidad; tal como testifica la sura 112 del Corán: «Él es Dios, Uno *(ahad)* / Dios es impenetrable / No ha engendrado ni ha sido engendrado / Y no hay nadie igual a Él».

En su texto, Abu-l-Hasan al-Nuri enseña que la afirmación de que *Dios-es-Uno* va ligada a la creación y, por consiguiente, al ser humano de corazón puro que puede albergar a Dios en su morada. En el versículo de *El Mensaje* se dice: «No hay más que un Dios, una verdad y una enseñanza», mientras que en el de la derecha se apunta el medio para conseguir esta unidad, que es la fijación de la fuerza del movimiento del universo o el alma del mundo: «por la potencia del amor que une toda pureza en Dios», una fuerza que también opera en el corazón del hombre.

---

2 *Ibid.*
3 *Ibid.*

La unidad

Emmanuel d'Hooghvorst insistía constantemente en la necesidad de no separar lo divino de lo humano; a este respecto habría que citar su conferencia sobre la ciencia astrológica, que, como todas las ciencias tradicionales, parte del punto de vista del ser humano, pues como explica el autor: «Todo saber tradicional es en primer lugar el saber del hombre y reduce todo saber a la unidad del hombre. Todos los principios de esta ciencia se pueden resumir en las palabras que fueron inscritas en el frontón del templo de Delfos: "Conócete a ti mismo y conocerás el Universo y a los dioses"».[4]

«No hay más que un Dios, una verdad y una enseñanza», pero nos resulta tan misteriosa esta afirmación que, entre «la confusión de las palabras y la sutileza de los pensamientos», la olvidamos y, entonces, ya no sabemos qué es «Dios», qué es la «verdad» o qué es la «enseñanza». Por eso proponemos la siguiente lectura: «Dios» es el origen de la manifestación de la «verdad», la cual se revela en la «enseñanza» de los profetas.

No se puede separar la Unidad de Dios de su «verdad» manifestada, que se enseña mediante las palabras de los sabios; de aquí que, en *El Mensaje,* se proclame que solo hay una realidad que en el versículo se define como: «la evidencia de la vida eterna y movediza», pues en el movimiento de las distintas manifestaciones es donde brilla la verdad de Dios enseñada por los sabios.

No hay más que una «verdad», y es la creación de Dios que permanece escondida tras las cortezas de la vida exiliada y que se manifiesta por medio de las operaciones alquímicas. En el versículo de la derecha se explica con más claridad: «El agua asciende del abismo de muerte» (la exaltación de la vida oculta en la materia muerta) «y desciende del cielo de vida» (la reanimación de aquello que ha sido separado de la mugre exterior). Se trata del movimiento de la vida, puesto que lo que asciende y desciende es lo que ha sido unido, o, dicho de otro modo, el Dios único, la verdad y la enseñanza; en otro versículo de *El Mensaje* está escrito lo siguiente respecto de este movimiento de la vida: «¿Comprenderemos que es el Único quien desciende y asciende siempre a fin de mostrarnos el camino de la vida que no perece?» (*El Mensaje* 36, 14).

En la frase que abre la *Tabula smaragdina* atribuida a Hermes Trismegisto se dice: «Aquello que es inferior es semejante a aquello

---

4   E. d'Hooghvorst, «La astrología en la Antigüedad», en *La puerta. Astrología y tradición*, Tarragona, Arola, p. 10.

que es superior, por estos se adquieren y se hacen las maravillas de la obra de una sola cosa».⁵ Lo que asciende y lo que desciende se unen en lo semejante, «el Único».

A partir de la sabiduría alquímica es posible reconstruir el mensaje propio del monoteísmo: el Dios único. Y no porque sea un Dios solo, sino porque es el *Dios unido* o el *Dios uno*. Una afirmación que resulta imposible no relacionar con la *Shemá*, la profesión de fe de los judíos, en la que se dice: «Escucha, Israel, Adonai nuestro Dios, Adonai es Uno» (Dt 6,4), lo cual, como escribió D'Hooghvorst, viene a decir: «... deja a los demás pueblos venerar a un Dios inaccesible en el cielo o prosternarse ante un ídolo terrestre impotente. Tu Dios, el tuyo, Israel, es la unión del Cielo y de la Tierra, por ello es uno, porque está reunificado».⁶

Junto a la afirmación de que «No hay más que un Dios», en *El Mensaje*, se añade que solo hay «una verdad», que sería la manifestación cumplida de Dios como aparece en la *Tabula smaragdina* que hemos citado: «Aquello que es inferior es semejante a aquello que es superior», y ambos son uno, y continúa: «por estos se adquieren y se hacen las maravillas de la obra de una única cosa, y como todas las cosas se hacen por uno y mediante uno, así todas las cosas se hacen de uno por conjunción». Lo «uno» no existe sino por conjunción, en la dialéctica continua de la unión de lo superior con lo inferior, es decir, en la obra de la alquimia.

En el versículo también se dice que no hay más que «una enseñanza». Sin duda se refiere al testimonio de los sabios que han experimentado la verdad de Dios; una alusión a *la tradición*. El alquimista ve la manifestación de la realidad viva, oculta bajo la apariencia de las formas exteriores y cambiantes, pero sabe asimismo que Dios y su verdad no pueden ser asociados a lo creado. El islam es contundente en este sentido: *shirk*, la palabra árabe que significa «asociación» o «idolatría», es lo opuesto a *tawhid*. En el Corán, practicar la idolatría es asociar cualquier ser vivo, persona o concepto a Dios.

Por eso es imposible conocer qué es el Dios único si el ser humano no se libera de las apariencias del mundo exterior. La enseñanza de aquellos que han sido testimonios directos de la verdad de Dios no

---

5 H. Trismegisto, *La Table d'Émeraude et sa tradition alchimique*, París, Belles Lettres, 1994, pp. 11-12.
6 E. d'Hooghvorst, *El hilo de Penélope I, op. cit.*, p. 162.

es otra que la de la necesidad de alabar su unidad sin asociaciones profanas, es decir, se trata de una enseñanza que solo habla del *mundo-por-venir* y nada tiene que ver con la situación del ser humano en este mundo. Entonces se llena de sentido el siguiente versículo de *El Mensaje:* «El que estudia los libros santos y habla al Señor en su corazón practica la verdadera religión» (*El Mensaje* 16, 52).

El Mensaje habla de «los libros santos», y, en hebreo, la palabra *kadosh* («santo») también significa algo que «está separado», exactamente lo opuesto a algo que es común. De aquí la dificultad casi infranqueable de no asociar a Dios a algo, pues el hombre exterior necesita asociar a Dios y su verdad manifestada a las apariencias y ataduras de este mundo. La enseñanza santa se manifiesta en la consciencia de la realidad no ilusoria y separada, lo que se entiende como «soledad interior»: «La vía de la sabiduría —se afirma en otro lugar de *El Mensaje*—, de la santidad y del genio es la soledad interior, donde se incuba la estrella de nuestro nacimiento divino» (*El Mensaje* 3, 40).

Los elegidos

El tema de los elegidos representa un lugar común en la historia de las religiones y las sociedades secretas; basta recordar la frase de Jesús: «Porque muchos son llamados, pero pocos son elegidos» (Mt 22,14), lo que en la actualidad, y pervirtiendo su sentido original, se interpreta como algo elitista y desafortunado para la construcción de una sociedad justa e igualitaria. En el siguiente versículo de *El Mensaje* se ve con claridad que el sentido de la cita evangélica —y el de los elegidos en general— debe comprenderse en relación con los distintos niveles de la experimentación del *despertar-de-Dios*.

> Los dedos de la mano bastan para enumerar a los elegidos de un momento de la tierra.
>
> «¡Oh, joyas vivientes ocultas entre la multitud apagada de los hombres ciegos!».
>
> No hay ningún estímulo aquí abajo para los sabios y para los santos.
>
> Las persecuciones que sufren en este mundo los hacen más preciados ante Dios. (*El Mensaje* 5, 20)

René Guénon profundizó en esta idea, que él vinculaba a las sociedades secretas, como ejemplo de la élite espiritual; dicha élite, que según el metafísico francés representa el conjunto de aquellos que poseen las cualificaciones requeridas para la iniciación, son siempre una minoría entre los hombres y, para corroborarlo, recuerda el pasaje evangélico y escribe: «todos son "llamados", en razón de la situación "central" que ocupa el ser humano en este estado de existencia, entre todos los demás seres que se encuentran igualmente en él, pero hay pocos "elegidos"».[1] La relación entre elegidos e iniciados es un concepto básico en las tradiciones espirituales que Guénon pone de relieve. Después, en la misma obra, Guénon alude a la élite de la élite, es decir, a los grados superiores de las sociedades iniciáticas que, como hemos dicho, responden a los distintos niveles de la experimentación del *despertar-de-Dios*.

En diversos versículos de *El Mensaje* se describen cuatro niveles de esta experiencia que pueden relacionarse con los grados básicos de

---

1 R. Guénon, *Apercepciones sobre la iniciación*, Madrid, Sanz y Torres, 2006, p. 345.

las sociedades iniciáticas, pero, a diferencia de Guénon, en *El Mensaje* nunca se describen los ritos, sino que directamente se exponen las funciones operativas; por ejemplo:

> Así pues, hay *los que oyen hablar* de la cosa o que ven sus efectos. Después, hay *los que se benefician* de la cosa sin conocerla y sin poseerla. Luego, hay *los que reciben* la cosa y hacen uso de ella, según los mandamientos de Dios, para el bien de los pobres y de los abandonados. Finalmente, hay *los que conocen la cosa y la hacen*, con la ayuda de Dios, para su propia salvación y para la de los suyos.[2] (*El Mensaje* 35, 7-8)

Estos últimos son los elegidos.

Su número es ínfimo, pues son los que conocen el secreto de la vida nueva en el viejo mundo; con respecto a ellos, D'Hooghvorst escribió el siguiente aforismo: «"He cocido el encanto de la luna y he bebido el oro potable", dice el elegido de los Filósofos».[3] Son escasos porque para comer pan no es necesario que todo el mundo se dedique a cocerlo. Quienes hacen el pan para todos son «los elegidos de un tiempo de la tierra», a quienes en *El Mensaje* se los considera como «joyas vivientes».

Para el pensamiento tradicional, lo decisivo es que alguien realice la Gran Obra y que pueda hacer partícipes de ella a sus hermanos humanos; otro versículo de *El Mensaje* termina como sigue: «Apenas un sabio o dos por siglo operan el milagro de Dios aquí abajo y entran vivos en la eternidad. (Exageramos su número adrede)» (*El Mensaje* 19, 49). Dicho de otro modo, debe haber por lo menos un sabio en cada época a fin de que la humanidad no caiga en el olvido de lo que significa el milagro de Dios.

En una historia proveniente del *Sefer ha-Zohar*, protagonizada por el mítico rabí Shimon bar Yojai y recogida por D'Hooghvorst, se muestra un sentido de la jerarquía a la que nos referimos. La historia cuenta que un día que rabí Shimon paseaba con rabí Eliezer, su hijo, el mundo les pareció especialmente sombrío y triste, como si su luz se hubiera ocultado. Entonces se encontraron con un ángel que portaba una gran bola de fuego, al que preguntaron cuál era su intención; el ángel les contestó que pretendía destruir el mundo, ya

---

2   Las cursivas son nuestras.
3   E. d'Hooghvorst, *El hilo de Penélope I, op. cit.*, p. 339.

que no había treinta justos en aquella generación y eso es lo había decidido el Santo-bendito-sea en tiempos de Abraham. En aquel momento se inició un regateo entre rabí Shimon bar Yojai y el ángel respecto del número de justos necesarios para que el mundo no fuera destruido, hasta que, al final, Bar Yojai exclamó: «Ve, te lo ruego, y dile al Santo-bendito-sea lo siguiente: "¡Bar Yojai se encuentra en el mundo!"». El ángel fue a ver al Santo-bendito-sea y le dijo: «Maestro del mundo, tú sabes lo que me ha dicho Bar Yojai». El Santo-bendito-sea le contestó: «Ve, destruye el mundo sin tener en cuenta a Bar Yojai». A su regreso, el ángel volvió a encontrarse con rabí Shimon, que le dijo:

> Si no regresas de donde vienes, he aquí mi decisión con respecto a ti: ya no irás a los cielos, sino donde se encuentran Uzá y Azael. Regresa junto al Santo-bendito-sea y dile: «Si no hay treinta justos en el mundo, ¡que haya veinte!... Y si no se hallasen veinte, ¡que haya diez!... Y si no se hallasen diez, ¡que haya dos!, yo y mi hijo... Y si no se hallasen dos, estoy yo, según está escrito: "El justo es el fundamento del mundo"» (Prov 10,25).[4]

Entonces se oyó una voz procedente del cielo que daba la razón a rabí Shimon bar Yojai, pues, como se dice en el mismo *Sefer ha-Zohar*: «Él cumplirá los deseos de sus bien amados» (Sal 145,19).

La reflexión que se desprende de esta historia es que la jerarquía del mundo reside en el justo, ya que el mundo necesita de él para mantenerse, y, si no hubiera ninguno, el mundo desaparecería. El justo en la tradición cabalística equivale al grado supremo de las sociedades iniciáticas. Los justos son como: «joyas vivientes ocultas entre la multitud extinta de los hombres ciegos», aunque, y vale la pena recordarlo, su suerte en este mundo no sea envidiable, pues, como continúa el versículo que estudiamos: «No hay ningún estímulo aquí abajo para los sabios y para los santos»; solo reciben ataques y persecuciones y eso es precisamente lo que los «hace más preciados ante Dios». Por eso «Él cumplirá los deseos de sus bien amados».

Según reza otro aforismo de D'Hooghvorst, la importancia del justo se basa en que en él culmina la unión completa entre el ser humano y la divinidad; por eso, este autor escribió lo siguiente: «De una caída celeste, Amor-Sal hizo un AS. Se palpa este sentido,

---

4 *Ibid.*, p. 262.

cielo salándolo».⁵ El justo es el «AS» (Amor-Sal) de la partida de cartas, un juego que simboliza la creación del mundo y que se sostiene gracias al justo, ya que él es el auténtico *axis mundi*. En el actual reino de la cantidad cuesta comprender esta afirmación; no obstante, es fundamental para introducirnos en el pensamiento hermético tradicional.

La humanidad es una parte imprescindible del *ser-Dios* y, como es lógico, las tradiciones orientales se refieren al mismo misterio con un lenguaje distinto. Teitaro Suzuki, el pensador japonés que, en el siglo pasado, más contribuyó a la difusión del zen en Occidente, escribió lo siguiente sobre el budismo de la Tierra Pura, cuyo punto central es el buda Amida, al que Suzuki llama «el salvador», un término extraño para el budismo, pero que tiene su origen en las *Suras triples,* que recogen la promesa del *bodhisattva* Dharmakara, quien, al cumplirla, se transformó en el Buda de la luz infinita, el buda Amida. En dicha promesa se dice lo siguiente:

> Si al obtener yo la budeidad, todos los seres de los diez sectores que, albergando una mente sincera, alegre confianza y la aspiración de nacer en mi tierra, con solo decir mi nombre unas diez veces, no nacieran allí, que no obtenga yo entonces la iluminación suprema.⁶

Amida, explica Suzuki, quiere salvar a todos los seres sin excepción; por eso, afirma este autor, aquellos que crean en Amida y pronuncien su Nombre: «Namu Amida butsu, con espontaneidad sincera y de todo corazón»⁷, nacerán en la Tierra Pura.

La propuesta del buda Amida se sustenta en el hecho de que si un hombre posee la budeidad —es decir, se convierte en Buda viviente—, todos los que lo acompañan en su búsqueda pueden compartir su dignidad, pues él es propiamente la humanidad. Puede permanecer escondido o ser un personaje público, pero su luz secreta ilumina la nueva tierra, y, como es el vértice de la creación, de él emana el cielo sobre los hombres-humanidad. No es un mérito personal, sino una función espiritual.

---

5   *Ibid.*, p. 343.
6   T. Suzuki, *El Buda de la luz infinita. Las enseñanzas del budismo Shin*, Barcelona, Paidós, 2001, p. 33.
7   *Ibid.*, p. 41.

El sabio, el justo, el *bodhisattva,* posee la suprema sabiduría y la ofrece a todos los hombres, aunque para él «no hay ningún estímulo aquí abajo», como reza el versículo de *El Mensaje*. La distancia de su ser con el devenir de este mundo es completa, pues en modo alguno puede el mundo reconocer su verdad. Algunos de «los elegidos» se han manifestado para reconstruir el sentido de los textos y los ritos, pero la mayoría han vivido permaneciendo desconocidos para el mundo.

En el ensayo *Física y metafísica de la pintura*, Cattiaux se refiere a la cita de san Pablo que dice: «Somos como los barrenderos del mundo», y después desarrolla la afirmación del apóstol y escribe:

> Se refería a los vivos, a los santos, a los artistas, a los poetas, que son como las flores y los frutos ignorados de la humanidad, cuya presencia justifica todas las mediocridades, todas las suficiencias, todas las cobardías, todas las violaciones, todos los crímenes y todas las imbecilidades, en una palabra, el estiércol donde esperan y germinan misteriosamente los hombres ordinarios, ya que nuestras vidas aún se encuentran extraviadas en la muerte, y la luz de algunos es un insulto para las tinieblas de la mayoría.[8]

Los elegidos —vivos, santos, artistas, poetas— son rechazados por los sabios del mundo, aquellos que saben cómo describir con precisión *este-mundo*, aunque lo ignoran todo del *mundo-por-venir*.

«Los dedos de la mano bastan para enumerar a los elegidos de un tiempo de la tierra», dice el versículo de *El Mensaje,* pues lo decisivo no es la cantidad, sino la cualidad. Mientras exista un justo, como fue el caso de rabí Shimon bar Yojai, el mundo permanece en pie gracias a su fundamento, pero sin el justo, la realidad se disgrega en una suerte de disolución improductiva. En relación con esta idea hay que recordar la famosa leyenda según la cual los sabios rosacruces habrían abandonado Europa a mediados del siglo XVII, ya que, en aquel momento, aquellos se habrían rendido a la ciencia profana; René Guénon recoge dicha historia y explica:

> Es destacable que muchos autores hayan sostenido precisamente que, poco después de la guerra de los Treinta Años, los verdaderos

---

8 L. Cattiaux, *Física y metafísica de la pintura*, Tarragona, Arola, 2012, p. 44. Véase https://www.arsgravis.com/arte-las-dos-generaciones/

La actualidad del hermetismo

Rosacruces abandonaron Europa para retirarse a Asia; y recordemos al respecto que los Adeptos rosacruces eran doce, como los miembros del círculo más interno del *Agartha*, y de acuerdo con la constitución común a tantos centros espirituales, formados a imagen de ese centro supremo.[9]

Agartha sería un modo, entre tantos otros, de denominar el reino oculto en el que viven los elegidos, las «joyas vivientes ocultas entre la multitud extinta de los hombres ciegos». Helena Blavatsky, conocida como «madame Blavatsky», y otros esoteristas decimonónicos especularon con toda suerte de comentarios extravagantes acerca de los habitantes de Agartha, pero creemos que lo importante es entender el sentido de tal ocultamiento, que se halla muy lejos de los jolgorios ritualistas en los que el secreto ha desaparecido; está escrito que: «El verdadero conocimiento es actual y vivo, silencioso y oculto» (*El Mensaje* 10, 15).

---

9 R. Guénon, *El rey del mundo*, Buenos Aires, Fidelidad, 1985, p. 77.

El conocimiento

En la tradición hermética se tienen en cuenta dos aspectos complementarios en la relación del ser humano con la divinidad: el amor y el conocimiento. Podría decirse que con el amor se alcanza la unión espiritual, si bien es con el conocimiento con el que se produce la unión completa, en cuerpo, alma y espíritu, todo en uno. A este doble aspecto se refiere el siguiente versículo:

> El amor es lo que une la parte con la totalidad y el conocimiento es lo que mantiene el todo en uno.

> El rechazo de las pasiones del mundo es la condición de la unión divina. (*El Mensaje* 5, 71)

En el cristianismo parece que no hay otro encuentro posible entre Dios y el hombre que el que se generó a partir la venida histórica de Jesús, un planteamiento que suscitó diversos debates en el seno de la Iglesia y que, al final, se concretó en el credo aprobado en el concilio de Nicea: «Creemos en un solo Dios, y en un solo Señor Jesucristo, el Hijo de Dios [...] que por nosotros, los hombres, y por nuestra salvación bajó y se encarnó, se hizo hombre, padeció y resucitó al tercer día, subió a los cielos, vendrá a juzgar a vivos y muertos...». El Señor Jesucristo es el único Salvador y solo la fe y el amor hacia Él pueden unir al hombre con Dios. Quizá por este motivo, las Iglesias cristianas hablan poco de la sabiduría y se centran en la santidad, pues es el santo quien se aboca al amor hacia el Salvador.

La unión de la que se habla en el versículo debería cumplirse, según la Iglesia, mediante el rito de la comunión. Así define este sacramento el catecismo católico: «La Sagrada Eucaristía culmina la iniciación cristiana [...] contiene todo el bien espiritual de la Iglesia, es decir, Cristo mismo». A partir de la propuesta de que el ritual es lo que proporciona la unión con Cristo, deja de tener importancia cualquier otro conocimiento. En la mayoría de los casos, sin embargo, el ritual se convierte en algo exterior y sin efecto. Por eso, en *El Mensaje* se explica la necesidad de la renovación constante del misterio eucarístico no como un rito, sino como una realidad: «Los sabios y los inteligentes niegan la evidencia del milagro de Dios, y los creyentes orgullosos lo clavan en el tiempo, sin ver que se renueva constantemente ante sus ojos de ciegos» (*El Mensaje* 26, 48).

Cattiaux también se refirió a este tema en una carta en la que distinguía entre el ritual exterior y el rito sacramental auténtico, que siempre alude al misterio alquímico: «... cuando se trata de la piedra que comunica así la divinidad en esencia y en sustancia».[1] Evidentemente, no existe otro saber mayor que el «sabor» de Dios, pero no siempre es posible que pueda darse así; por eso Cattiaux añade que, si bien algunos cristianos han recibido a Dios «dentro de su espíritu, pero también en espíritu», existen otros, a los que llama «los escasísimos elegidos», que lo han recibido «en cuerpo dentro de su cuerpo. Esto es realmente increíble y hasta inconcebible. He aquí la razón por la cual la Iglesia encierra tantos tesoros ocultos, debería decir enterrados; y corresponde solo a los inteligentes en Dios descubrirlos y gozarlos eternamente».[2]

Desenterrar estos tesoros sería el sentido de la gnosis y del hermetismo. El gnóstico, considerado siempre como un hereje, se ha preguntado a lo largo de los siglos sobre el sentido profundo de los rituales, algo bastante incómodo para la ortodoxia. Por ello, durante más de dos mil años la búsqueda del conocimiento más allá del rito se ha escondido de manera discreta. Pero en *El Mensaje,* y también en otras enseñanzas herméticas, se afirma que: «el conocimiento es lo que mantiene el todo en uno», y no podemos dejar de preguntarnos respecto del sentido de esta frase.

Una respuesta se hallaría en el relato del desposorio espiritual de santa Catalina y Jesucristo y, aunque en la leyenda se yuxtapone santa Catalina de Alejandría a santa Catalina de Siena, eso no varía la historia que resumimos aquí: un jueves, después de que Catalina hubiera orado todo el día con extraordinaria fe, nuestro Señor se le apareció y le dijo: «Ya que por amor a Mí has renunciado a todos los gozos terrenales y deseas gozarte solo en Mí, he resuelto solemnemente celebrar Mi desposorio contigo y tomarte como mi esposa en la fe».[3]

En principio, la renuncia a «todos los gozos terrenales» se encuentra tanto en el amor como en el conocimiento, por lo que el versículo prima que estudiamos afirma de manera específica: «El rechazo de las pasiones del mundo es la condición de la unión di-

---

[1] L. Cattiaux, *Florilegio epistolar...*, op. cit., p. 58.

[2] *Ibid.*

[3] *La leyenda áurea,* de Santiago de la Vorágine, solo alude de pasada a la boda mística de santa Catalina de Siena, pues el origen de la leyenda está en santa Catalina de Alejandría. Sea como fuere, tomamos el relato católico actual.

El conocimiento

vina». Por otro lado, se afirma que Jesús la toma por esposa —este aspecto se ha considerado la base del monacato— en la fe, pero ¿qué tiene que ver este desposorio con la gnosis?

En la leyenda se describen estas bodas con todo detalle hasta que Jesús, tras colocar un anillo de oro en el dedo de Catalina, le dice: «Yo, tu creador y Salvador, te acepto como esposa y te concedo una fe firme que nunca fallará. Nada temas. Te he puesto el escudo de la fe y prevalecerás sobre todos tus enemigos».[4]

Hay algo que causa extrañeza en este relato y es lo que Jesús le dice a Catalina: «Te concedo una fe firme», cuando la boda se había producido precisamente a causa de su fe inquebrantable. Debe de tratarse, pues, de una fe nueva, que aparece como un don divino y que se convertirá en el órgano de percepción y de conocimiento. Esta fe es la virtud teologal, completamente distinta de la fe como creencia, tal y como escribió san Pablo: «es la sustancia de las cosas que se esperan, la demostración de lo que no se ve» (Heb 11,1). Es decir, se trata del conocimiento de lo que no surge a la vista del hombre exterior o carnal.

Desde esta perspectiva, el versículo que estudiamos de *El Mensaje* cobra una dimensión más completa: en primer lugar, aparece el amor de Catalina por el Señor o, como se dice en el versículo: «El amor es lo que une la parte con la totalidad»; después, el don que viene a confirmar la primera fe, o lo que es lo mismo: «el conocimiento es lo que mantiene el todo en uno». En la leyenda de las bodas de Jesucristo y Catalina se describen de manera discreta los dos pasos de la unión del ser humano con Dios, esto es, el amor y el conocimiento.

La alquimia que los sabios se han transmitido a través del tiempo sería la ciencia del conocimiento esencial y sustancial de Dios —es decir, la gnosis—, que desvela los misterios que se esconden tras los ritos exteriores. Según este planteamiento, la unión mística de Jesús y Catalina no sería solo espiritual, sino también sustancial. Para profundizar en ello nos centraremos en el anillo de oro, símbolo del matrimonio.

En los viejos códices griegos —explica Juan Garal—, junto a la enigmática figura del *ouroboros* aparece el siguiente apotegma atribuido a la reina Cleopatra: «Uno es el Todo, por él es el Todo y hacia él vuelve el Todo, y si no contuviera el Todo, Todo sería nada. Uno es la serpiente, la que posee el enrojecimiento tras dos tratamientos».

---

4 *Ibid.*

7. «Crisopeya de Cleopatra», *Codex Marcianus Graecus*, s. x.

El *ouroboros*, que en griego significa «que devora la cola», es la imagen perfecta del anillo del matrimonio sagrado o *hierogramos*. O quizá sería mejor plantearlo al revés; el anillo matrimonial constituiría una representación de este símbolo gnóstico. En la imagen se observa la corporificación del cielo y la espiritualización de la tierra unidos por un movimiento continuo. El anillo reúne aquello que nunca debió estar separado, tal como enseñó Jesús: «Lo que Dios unió, no lo separe el hombre. [...] No todos pueden recibir esta palabra, sino aquellos a quienes es dado» (Mt 19,4), es decir, aquellos que poseen la gnosis.

En su comentario al cuento de *La piel de asno*, Emmanuel d'Hooghvorst se refiere al anillo que la protagonista pierde durante la confección de un pastel para el príncipe, que se encuentra enfermo de amor por ella, y que servirá para reconocerla bajo su terrible disfraz de la piel de asno. En el cuento se dice: «Un anillo que llevaba cayó en la pasta...», y D'Hooghvorst comenta al respecto:

> El anillo[5] en la pasta es la promesa de una edad nueva. La doncella le dice a este sol bajo, a este azufre puro: «¡Te he escogido como

---

[5] En una nota, D'Hooghvorst explica lo siguiente respecto de ese anillo: «Es un anillo de fuego, el fuego de los alquimistas, suave y circular, llamado también fuego de rueda, que por una lenta cocción lleva la materia a su madurez».

futuro!». El anillo debe, pues, ser leído como prenda de noviazgo con vistas a bodas químicas. Esta famosa esmeralda caída del cielo sobre el oro suave es una tierra celeste que se vincula al oro de Helías [sic].[6]

Se trata de una interpretación alquímica extraordinaria: el anillo, que cae del fino dedo de la princesa cuando no está vestida con la piel de asno, es la señal de su origen real, o, dicho de otro modo, de su origen celeste, una hija del cielo que en este mundo viaja oculta bajo la piel de un animal. Esta sortija lleva engarzada una esmeralda, aquella que Lucifer mostraba en su frente cuando fue expulsado del cielo por desobedecer a Dios y que alude a la tierra celeste, es decir, a la verde tierra de Hûrqalyâ, en la que los cuerpos se espiritualizan y los espíritus se corporifican.[7] El anillo representa el anuncio y la promesa de una boda que se celebrará, sin duda, y en la que amor y conocimiento alcanzarán su completa realización.

La explicación del cuento termina con estas palabras: «En los cuentos, se empieza mostrando a Isis y Osiris aislados uno de otro y reencontrándose al final...»; es decir, aunque al principio el cielo y la tierra están separados, al final de la obra alquímica se unirán en sagrada armonía el espíritu y el cuerpo, «una unión divina» de «amor» y «conocimiento».

En el primer versículo del libro octavo de *El Mensaje* se resume el reencuentro final. El versículo de la izquierda describe la manera en que se unen el cuerpo y el espíritu: «La espiritualización del cuerpo hace aparecer el agua y el aire que nos animan y mantienen. La corporificación del espíritu engendra la tierra y el fuego que nos sostienen y multiplican. ¿Quién pesará la parte de cada cosa?». En el versículo de la derecha o prima, se explicita el misterio: «El hombre sin la mujer es como una piedra en el fondo desecado de un torrente, y la mujer sin el hombre es como una nube extraviada sobre el mar. "¿Quién hará la unión de los contrarios por medio de lo semejante?"» (*El Mensaje* 8, 1).

---

6 E. d'Hooghvorst, *El hilo de Penélope I*, op. cit., pp. 216-218.
7 H. Corbin, *Cuerpo espiritual y tierra celeste*, Madrid, Siruela, 1996, pp. 16ss.

La nada y el todo

El maestro budista japonés Eihei Dogen, fundador en el siglo XII de la escuela Soto Zen, se dirigía a sus discípulos con estas palabras: «Os lo ruego, honorables discípulos del zen, desde hace mucho tiempo estáis acostumbrados a tantear al elefante en la oscuridad; no temáis ahora al verdadero dragón. Consagrad vuestras energías a la Vía que apunta directamente a lo absoluto».[1] Tantear la piel del elefante en la oscuridad sería una manera poética de describir aquello que se expresa en la primera parte del siguiente versículo:

> Son necesarios mucho tiempo y esfuerzos para aprender que no sabemos nada, que no podemos nada, que no somos nada por nosotros mismos, pero que lo sabemos todo, que lo podemos todo y que lo somos todo en Dios.

> Quien alcanza al Señor ya no sabe conducirse; Dios es quien lo lleva hacia la verdad oculta en la humildad primera, despreciada por los ignorantes y por los sabios del mundo. (*El Mensaje* 6, 27)

La expresión «mucho tiempo y los esfuerzos» se refiere sin duda a la paciente preparación en la oscuridad del ser hasta la aparición del «verdadero dragón», el símbolo de la divinidad en las culturas extremo-orientales: la manifestación del poder del cielo y de la tierra. Después podrá darse la continuación del versículo, es decir, lo sabremos todo, lo podremos todo y lo seremos todo en Dios.

En la cita de Dogen, el maestro anima a sus discípulos a no quedarse en el tanteo de la piel del elefante en la oscuridad, sino a ir más allá, y por eso añade: «Debéis, pues, abandonar una práctica basada en la comprensión intelectual, corriendo detrás de las palabras y tomándolas al pie de la letra. Debéis aprender a dar la media vuelta que dirige vuestra luz hacia el interior para iluminar vuestra verdadera naturaleza».[2]

---

[1] R. Rech, *Manual de meditación zen. Las enseñanzas del maestro Dogen*, Lleida, Milenio, 2016, p. 19.

[2] *Ibid.*

La segunda parte del versículo empieza del siguiente modo: «Quien alcanza[3] al Señor...». Pues bien, para alcanzar al Señor se dice que es necesario cambiar de orientación, darse la vuelta, girarse hacia el interior, lo que antiguamente se entendía por la *metanoia*. Entonces es cuando aparece o se «alcanza» la verdadera naturaleza del ser humano, que es el Señor, y también es cuando Dios puede actuar en el hombre, que entiende «que no sabe nada, que no puede nada, que es nada» por sí mismo. El hombre exterior, que está habitado por la muerte, pasa «como la hierba» —según se afirma en *El Mensaje*— «que nace y muere»; en cambio, «los inmortales permanecen como el sol bien amado en la eternidad de la vida fijada en Dios» (*El Mensaje* 26, 11).

Para alcanzar al Señor se precisan mucho tiempo y esfuerzos, y al ser humano inmerso en la dura realidad exterior le parece un absurdo dedicarse a la búsqueda del Señor mientras la vida lo acucia por todas partes, pero el hecho de diferenciar entre lo interior y lo exterior es lo propio de la vida espiritual. Tras esta primera separación todo se vuelve simple; por eso se ha dicho que la obra alquímica es, en primer lugar, un trabajo de Hércules y, después, un juego de niños.[4] Ovidio alude a esta separación por boca de Júpiter, cuando narra el final de los heroicos trabajos de su hijo Hércules:

> Vencerá los fuegos que veis quien ha vencido todas las cosas, y no sentirá al poderoso Vulcano a no ser en la parte que procede de su madre; eso que de mí sacó es eterno y libre e inmune a la muerte y no será domeñado por llama alguna, y a eso, que ya ha cumplido su función en la tierra, yo lo recibiré en las regiones celestiales.[5]

Cuando Hércules haya cumplido su función en la tierra se librará del cuerpo heredado de su madre, que es el motivo de su dolor, y se convertirá en inmortal. Cumplir dicha función consiste en dedicar «tiempo y esfuerzos» a la aparición de la auténtica naturaleza, o naturaleza consciente, opuesta al saber del hombre caído. En términos alquímicos, la adquisición de esta conciencia significaría la finalización de la creación, por eso los alquimistas se refieren a Hércules como

---

3   En el original francés, *atteint,* que proviene del latín popular *attangere,* y este del latín clásico *attinger*e, y de aquí *tangere*, «tocar».
4   Véase R. Arola, *Alquimia y religión..., op. cit.,* p. 53.
5   Ovidio, *Metamorfosis,* Madrid, Cátedra, 1995, p. 524.

«el gran adepto». Según escribe Dom Pernety en su diccionario, lo consideran el «símbolo del artista que emplea el mercurio filosófico para hacer todo lo que se le atribuye».[6]

En otro versículo se dice lo siguiente: «No seas sino tú mismo, no interrogues sino a ti mismo, no penetres sino a ti mismo, no te pierdas sino en ti mismo, no te encuentres sino en ti mismo, no reposes sino en ti mismo y te aproximarás al Señor de dentro, que realiza todas las cosas en ti sin ti» (*El Mensaje* 22, 23). Aproximarse al Señor o alcanzarlo significa que él lo realiza todo «en ti sin ti». Podría añadirse que «en ti sin ti» se refiere al *mundo-por-venir*, pero en *este-mundo*. El hombre mortal constituye el lugar necesario para que se muestre la inmortalidad en este mundo, o, lo que es lo mismo, es preciso que el Señor, o *el ser-Dios*, habite en el ser humano. Dicho de otro modo, es necesario que se cumplan las palabras que el maestro Dogen dirigía a sus discípulos: «Debéis aprender a dar la media vuelta que dirige vuestra luz hacia el interior para iluminar vuestra verdadera naturaleza. El cuerpo y el espíritu se desvanecerán por sí mismos y vuestro rostro original aparecerá».[7]

El versículo de *El Mensaje* termina del siguiente modo: «Sopórtate, / Ayúdate, / Búscate, / Descúbrete, / Conócete, / Realízate, / con la ayuda del Señor del cielo», unas palabras que muestran la necesidad de la unión del «Señor de dentro» con el «Señor del cielo». Esta unión se conoce como «Alianza» en los dos Testamentos.

En la tradición judeocristiana hay una diferencia entre los términos «Dios» y «el Señor», como explicó Carlos del Tilo (Charles d'Hooghvorst) en un estudio sobre Abraham. Este patriarca fue el primero en conocer a Dios bajo el nombre de *Adonai*, el Señor, según aparece en el capítulo 18, versículo 3 del Génesis, y por ello se le considera el padre del monoteísmo, es decir, del Dios uno o unido, puesto que el monoteísmo está vinculado con la reunificación del nombre del Señor o el Tetragrama. Así lo explica Del Tilo:

> Hay que saber que los dos nombres principales, los dos aspectos principales con los cuales Dios se manifiesta al hombre son *Elohim* y *Adonai*. *Elohim* representa siempre a Dios en su aspecto de rigor... Lo llaman el Dios de las naciones; es el Dios exterior al hombre,

---

6 A.-J. Pernety, *Dictionnaire mytho-hermétique*, Milán, Archè, 1980, p. 191 [trad. cast.: *Diccionario mito-hermético*, Barcelona, Sincronía, 2018].

7 R. Rech, *Manual de meditación zen, op. cit.*, p. 17.

del cual todo el mundo habla, pero a quien nadie conoce. Sin él no hay vida posible en el Universo. Del mismo modo que da la vida, también destruye y consume. Es el Dios de la naturaleza que el hombre debe conocer para captar su secreto. Esta palabra se traduce por «Dios».[8]

Como afirma Del Tilo —y en esto sigue a san Jerónimo—, el término hebreo *Elohim* se traduce por «Dios», pero, en cambio, cuando hablamos del Dios de los hebreos, el Dios del monoteísmo, el Dios uno, nos referimos al Señor. «El Señor —dice Del Tilo— es el Dios encarnado, conocido por el hombre».[9] Por eso, se presenta a Moisés diciendo: «Soy el Dios de Abraham, de Isaac, de Jacob» (Éx 3,6).

A partir de las palabras de Del Tilo se entiende que Dios significa «el Dios de las naciones, la potencia creadora», mientras que el Señor es el Dios manifestado y conocido por el hombre, es decir, Jesucristo. Podría sustituirse la palabra «Dios» por «divinidad». Cuando se alcanza al Señor, entonces, tal y como aparece en el versículo, se conoce a la divinidad fijada en su lugar; ella es la que ejecuta, quien actúa. Este podría ser el auténtico sentido de no actuar: dejar que sea la divinidad quien lo haga. Por eso, el hecho de no actuar sin antes haber alcanzado al Señor no significa mucho.

Otros versículos se refieren de manera implícita o explícita a esta distinción entre «Dios» y «el Señor»: «No os decimos que no roguéis, que no alabéis, que no reposéis y que no actuéis. Os decimos que os borréis cada vez más y que dejéis a Dios que ruegue, alabe, repose y actúe en vosotros, para que flotéis en su alegría constructiva en vez de zozobrar en vuestra tristeza impotente» (*El Mensaje* 22, 68).

Pero ¿cómo dejar que Dios actúe realmente? Solo cuando el Señor despierta, aunque sea un instante, la divinidad se vuelve próxima y entonces es cuando puede rogar, alabar, reposar y actuar en el hombre, sin el hombre.

---

8 C. del Tilo, *El libro de Adán...*, op. cit., p. 47.
9 *Ibid.*

La libertad

Si el hombre fuera consciente de la libertad que le ha sido dada no existiría ningún impedimento para su retorno a Dios. Él es el único ser libre y capaz de escoger entre la vida y la muerte, pues, como se afirma en el siguiente versículo, puede elegir volver o no «a su manantial, que es Dios».

El hombre ha sido creado libre, pero ya no lo sabe, si no, volvería inmediatamente a su manantial, que es Dios.

Sigamos a los que nos enseñan la generosidad y tendremos abundancia en todo. (*El Mensaje* 7, 31)

La tradición hindú es la que más y mejor ha hablado de la liberación del hombre y, sin embargo, en ella no se plantea la idea de Dios como sucede en las tradiciones monoteístas, de modo que en este versículo se alude a dos sistemas espirituales que se complementan y se explican el uno mediante el otro; se plantea la liberación según la manera de pensar de la tradición oriental, aunque dentro del marco de la tradición occidental.

En otro versículo se afirma lo siguiente: «Nuestra libertad divina es lo que permite hundirnos en la muerte o volvernos hacia la luz, sin otros límites que la razón del absurdo que nos hace arrepentirnos y la locura del amor que nos hace conocedores y poseedores» (*El Mensaje* 6, 20). La libertad es la decisión del espíritu y del corazón consistente en retornar al origen, en volver hacia la luz, pero eso, según *El Mensaje* y a diferencia del hinduismo, no proviene de la voluntad del hombre, sino de la gracia: «El don divino de la libertad —se dice en otro versículo— quiere que el hombre extraviado en la muerte solo pueda alcanzar el manantial vivo y puro mediante ese otro don divino que constituye la imantación recíproca del amor» (*El Mensaje* 14, 38), y también: «Aprisionado en la muerte, solo puede ser liberado por su parte que ha permanecido pura y libre en Dios» (*El Mensaje* 4, 7). Olvidamos la parte de realidad que existe fuera de nosotros, la «que ha permanecido pura y libre en Dios», y nos apegamos a la estrecha realidad de nuestras contingencias, que nos encadenan a la muerte; por eso la tradición hindú predica la liberación del hombre *(moksha)* de las ataduras del *karma*.

Por su *karma* el hombre vive apegado a su ego —y este, a su vez, a las contingencias ilusorias— y no es libre. El *karma* acumulado durante generaciones le oculta su origen primero, que es el *atman;* sin embargo, el fin último del ser humano es la liberación de todas las necesidades, deseos y responsabilidades. Pero el *atman*, que es identidad del hombre, no puede separarse del *brahman*, el principio universal de toda realidad, por lo que la liberación del hombre es la identificación completa del *atman* con el *brahman*.

Según la lectura de los *Upanishads* realizada por Shankara y recogida por Òscar Pujol, la no dualidad absoluta, *brahman*, coincide con el núcleo más íntimo de la individualidad, *atman*, el sí mismo, y Pujol añade:

> Por tanto, la liberación es eterna como el *brahman* y no puede ser fruto de una acción. La liberación es fruto del conocimiento del *brahman* y nada se interpone entre el conocimiento del *brahman* y la liberación. De hecho, el conocimiento del *brahman* es el mismo *brahman*, ya que no hay diferencia entre el conocedor, lo conocido y el conocimiento. Por eso aquel que conoce al *brahman* se convierte en el *brahman*.[1]

Para Shankara, pues, el *brahman* es la liberación, mientras que la ilusión es justo la identificación con el cuerpo y la mente en las contingencias de la vida encarnada. Lo contrario de la ilusión es el conocimiento. Por eso la gran cuestión que se plantea es la de la unidad del *atman* y el *brahman*, pues en este mundo ambas realidades están veladas por la ignorancia, pero, cuando la ignorancia desaparece, emerge entonces la libertad original en la que se unen el *atman* y el *brahman*, cosa que Pujol pone de relieve con las siguientes palabras:

> Es importante entender lo que este conocimiento de la unidad del *atman* y el *brahman* significa. No se trata de una forma de meditación... la meditación es una actividad mental, no una purificación ritual que implique una actividad física. Hay que insistir en que el conocimiento del *brahman* no depende de un esfuerzo premeditado. ¿De qué depende entonces? De la misma naturaleza de las cosas. Al igual que no hacemos nada para ver un objeto,

---

1 O. Pujol, *La ilusión fecunda...*, op. cit., p. 163.

pero al verlo lo conocemos, del mismo modo el conocimiento del brahmán se basa en la naturaleza misma del *brahman*.²

Al comparar lo que significa la liberación en la tradición hindú nos damos cuenta de la profundidad de la afirmación del versículo de *El Mensaje*: «El hombre ha sido creado libre, pero ya no lo sabe»; la ilusión de lo cotidiano se ha apoderado de su posibilidad de saber y, a causa de ello, el ser humano ya no sabe distinguir entre la luz y las tinieblas, como se explica en otro lugar: «La mezcla general se produjo por la interrupción ínfima de la contemplación de Dios por el hombre, que quiso conocer la Nada y el Todo comiendo el fruto mezclado de muerte» (*El Mensaje* 4, 25). De este modo, al apartarse de la contemplación de su propia esencia, perdió la libertad y la posibilidad de su liberación.

Para alcanzar la liberación, hay que obtener la certeza de que *atman* y *brahman* son uno, de que no hay separación. El hombre fue creado libre, pero en su encarnación la carga del *karma*, es decir, la ignorancia de su identidad original, lo hace esclavo. Conocer su realidad profunda e interior, escapar de la fuerza del *karma*, es lo que le permitirá reunirse con esa misma realidad exterior a él, esto es, la gracia o: «su manantial, que es Dios».

A la desaparición del *karma*, o a la obtención de la liberación, se le añade en el versículo de *El Mensaje* un proceder complementario, difícil de explicar en términos hindúes, pero fundamental en el lenguaje de la tradición occidental. Así, en el versículo primero se dice que: «Los más inteligentes y los más avanzados en el estudio y en el conocimiento de los misterios de Dios solo penetran la realización espiritual. Es el retorno al estado libre, movedizo e incondicionado en Dios. Son los liberados de Dios» (*El Mensaje* 32, 43). Y después se refiere al paso complementario: «Algunos de estos obtienen el conocimiento de la ciencia divina y superan la realización espiritual para penetrar la realización sustancial. Es el acceso al estado libre, fijo y manifestado en Dios. Son los resucitados de Dios» (*El Mensaje* 32, 44).

Aunque la tradición occidental no detalla con tanta precisión como la hindú el primer paso, «la realización espiritual», insiste en el segundo, «la realización sustancial». Esto significa que en sus comentarios se insiste en la obtención de una corporeidad inmortal, el cuerpo de gloria, fundamental en la tradición occidental y

---

2 *Ibid.*

preconizado por los alquimistas cristianos, que emula la eucaristía cuando el espíritu del Señor se hace carne y sangre. En otro lugar, *El Mensaje* alude a que todo nos puede fallar en este mundo, pero, aun así: «el Salvador no podría extraviar una parcela de su carne ni olvidar una gota de su sangre en el mundo. Esta es la promesa y este es el amor de Dios» (*El Mensaje* 16, 32).

La religión cristiana se ha edificado sobre el misterio de la transustanciación eucarística, es decir, de la encarnación de la divinidad en lo humano, aunque no en el cuerpo animal. Por ese motivo y en algunos casos, se ha considerado una religión idólatra. Pero el cuerpo de pureza, o «la realización sustancial», no puede ser contemplado con los ojos exteriores, por lo que, sin la liberación del *karma*, no tiene sentido hablar del cuerpo de pureza. *El Mensaje* se muestra estricto en esto: «Antes de hervir la ropa sucia es preciso ponerla en remojo, de lo contrario, se cuece la mugre en lugar de quitarla, y el último estado es peor que el primero, pues la suciedad queda fijada en el tejido y ya no se puede quitar» (*El Mensaje* 23, 41). Así pues, en primer lugar se necesita de una disolución, una purificación, y, solo después, es posible la coagulación. Es imposible hablar de «la realización sustancial» si antes no se ha producido «la realización espiritual», tan bien explicada en la tradición hindú. Así, el hinduismo complementa al cristianismo y el cristianismo al hinduismo, pero el centro solo puede ser uno y el mismo.

En el versículo de la derecha se alude a la generosidad. Los generosos son quienes han nacido a una nueva generación que no es la exterior. Cattiaux lo explica en un capítulo de *Física y metafísica de la pintura*, dedicado a las «Generaciones»; si bien se trata de un texto que ya hemos comentado varias veces, lo recuperamos aquí dada la propuesta de *El Mensaje* que insta a seguir a «los que nos enseñan la generosidad». Estos, en la hermenéutica de Cattiaux, son los que conocen o pertenecen a la generación mesiánica no contaminada por el *karma*. El capítulo aludido del ensayo de Cattiaux comienza con estas palabras:

> El artista dotado de verdadera personalidad solo es comprendido y alentado por los hombres de su generación; las generaciones siguientes lo considerarán y honrarán, o bien lo eliminarán brutalmente por haber andado con trucos para complacer a los mediocres de su época.[3]

---

3 L. Cattiaux, *Física y metafísica...*, *op. cit.*, p. 71.

La libertad

De este modo, utilizando un símil propio de la historia del arte, Cattiaux habla de las dos generaciones, la exterior y la mesiánica. El prólogo del evangelio de Juan es clarificador al respecto, pues enseña que todo hombre que siga la vía del Hijo puede renacer, acceder a la nueva generación: «A todos los que lo recibieron, a los que creen en su nombre, les dio potestad de ser hechos hijos de Dios. Los cuales son engendrados, no de sangre, ni de voluntad de carne, ni de voluntad de varón, sino de Dios» (Jn 1,12-13).

Los engendrados por Dios son «los que nos enseñan la generosidad» y aquellos que los sigan tendrán la «abundancia en todo», es decir, participarán del *mundo-por-venir*.

El sabio

La figura del sabio es fundamental en la tradición hermética, pues el propio Hermes fue su prototipo. No se es sabio por saber muchas cosas, sino que el sabio es aquel cuya sabiduría reside en el conocimiento de Dios. Por eso, como se afirma en el siguiente versículo, el sabio conversa con Dios, lo que significa que mantiene una relación directa con Él:

> El sabio conversa con Dios y no disputa con nadie.
>
> «No obstante, ¡cuán hermosos son y cómo resplandecen los que se levantan para predicar la verdad de Dios antes del rayo fulminante del fin!».
>
> El que recibe a Dios en su corazón, en su espíritu y en su cuerpo es elegido entre los elegidos y camina sobre el mar de los mundos. (*El Mensaje* 8, 42)

El sabio conversa con Dios, que es universal y viviente, al tiempo que olvida las contingencias particulares y muertas, por eso «no disputa con nadie» en el mundo exterior. Sin embargo, aun apartándose del mundo, no se aísla de los hombres que desconocen la posibilidad de una relación directa con la divinidad, tal y como aparece reflejado en la segunda parte del versículo, cuando se dice que ellos son los que se levantan para «predicar la verdad de Dios». Esta segunda parte fue añadida en la edición de 1956 y no consta en la primera edición, de 1946. Cattiaux añade lo que resulta obvio: el hecho de conversar con Dios no es incompatible con el de predicar la verdad de Dios «antes del rayo fulminante del fin», es decir, cuando al profeta se le revela el sentido escatológico de su obra.

En 1954, Emmanuel d'Hooghvorst escribió un largo artículo sobre *El Mensaje* titulado «El Mensaje profético de Louis Cattiaux». En él explicaba el porqué del título:

> Hemos hablado adrede de un Mensaje Profético. No hay otras palabras para calificar un libro tan singular y original, tanto por el fondo como por la forma, es decir, de origen tan evidente. En efecto, el profeta es un original en el sentido más concreto que se pueda dar a este término.[1]

---

[1] Citado en E. d'Hooghvorst, «El mensaje profético de Louis Cattiaux», en R. Arola, *Creer lo increíble...*, *op. cit.*, p. 82.

La actualidad del hermetismo

Uno de los sentidos que se le pueden dar a este ser original es que su obra pertenece al origen, refleja la verdad de este origen y por eso es singular. El profeta conoce claramente qué es la VÉRITÉ NUE («Verdad desnuda»), el título del primer capítulo de *El Mensaje*.

Esta verdad aparece y el profeta la aprehende en los tres planos existenciales, como se describe en el versículo que nos ocupa: «en su corazón, en su espíritu y en su cuerpo»; entonces es «el elegido entre los elegidos». Casi con las mismas palabras, Cattiaux alude en otro versículo a esta triple reunión relacionándola con el reposo final: «cuando lo hayamos obtenido todo en el espíritu, en el corazón y en las manos, comprenderemos que lo único deseable es el reposo en el centro del centro» (*El Mensaje* 12, 16).

Como hemos apuntado al principio, no es que el sabio sepa mucho o muchas cosas, sino que posee «todo» el saber. En hebreo, la palabra «todo» es *kol* y, según la cábala, posee un significado oculto, pues indica la finalización y el jubileo de la creación divina.[2] «Todo» indica que *el-ser-Dios-en-el-hombre* ha llegado a su completitud y entonces se produce «el reposo en el centro del centro», como en el séptimo día de la creación. En ese momento no hay distinción entre *el-ser-Dios-en-el-hombre* y el *ser-Dios*. «El hecho de ser Dios y hombre —se dice en *El Mensaje*— supera toda ciencia, ya que es la más completa experimentación del todo en el todo» (*El Mensaje* 8, 60).

En el versículo citado al comienzo se afirma también que quien ha recibido a Dios: «camina sobre el mar de los mundos», mientras que otro versículo de *El Mensaje* se refiere a este mar de este modo: «El conquistador de los tres mundos reposará para siempre en el mar translúcido del comienzo de los comienzos» (*El Mensaje* 13, 3). El filósofo hermético del siglo XVIII Dom Pernety, mencionado con anterioridad, escribió sobre este extraño mar y, para diferenciarlo del mar común, explicó:

> El mar de los filósofos [alquímicos] es muy distinto de aquel montón de agua salada sobre el que se exponen temerariamente la mayoría de los hombres para ir en busca de las riquezas de Potosí y otros lugares. [...] Su mar se halla en todas partes y los

---

2   *Kol* en notaricón vale 50: la letra *lamed*, que vale 30, más la letra *kaf*, que vale 20, y cincuenta son los años que se suceden entre cada jubileo judío. El jubileo simboliza un año de gracia en el que la antigua creación se cumple y se comienza de nuevo sin cargas anteriores: «Declararéis santo el año cincuenta, y proclamaréis en la tierra liberación para todos sus habitantes. Será para vosotros un jubileo; cada uno recobrará su propiedad, y cada cual regresará a su familia» (Lv 25,10).

sabios navegan por él con una tranquilidad que no se altera por los vientos ni por las tempestades.³

Se trata, pues, de un mar que solo conocen los alquimistas y por eso lo llaman *su* mar, una manera de hablar muy propia de los textos alquímicos, que utilizan parábolas y locuciones simbólicas para aludir a *su oro, su mercurio*, etc. Pero, en referencia a su mar, Pernety expone una idea que nos parece básica: «Su mar, en general, son los cuatro elementos, y, en particular, es su mercurio».⁴

El mercurio es el fundamento material con el que los alquimistas realizan su Gran Obra; conocerlo es un don y, en este sentido, Pernety explica que, al hablar de su mar, los alquimistas indican el lugar «de donde debe extraerse, por lo que Flamel llama a este mercurio la "espuma de su mar Rojo"».⁵

En otro versículo de *El Mensaje* se alude de nuevo al mar filosófico —que puede identificarse con el mercurio— del siguiente modo: «La asamblea de los astros es como el mar luminoso donde Dios se mueve entre los comienzos y los finales y reposa entre los finales y los comienzos» (*El Mensaje* 9, 23). En una edición no definitiva, Cattiaux añadió el dibujo que adjuntamos y que refleja la composición de un átomo con su núcleo y sus electrones.

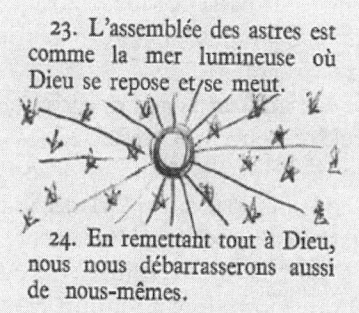

23. L'assemblée des astres est comme la mer lumineuse où Dieu se repose et se meut.

24. En remettant tout à Dieu, nous nous débarrasserons aussi de nous-mêmes.

23. Les hommes sages ne se désolent, ni ne se réjouissent des bouleversements du monde, car ils savent que le Père et le fils demeurent immuablement unis au sein de la mère mouvante.

24. Le vivant qui pénètre la grande eau, flotte et vogue sans effort.

8. Fragmento de la edición de *El Mensaje Reencontrado* de 1946, con dibujo de Louis Cattiaux, versión B (colección particular, España).

---

3   A.-J. Pernety, *Dictionnaire...*, *op. cit.*, p. 293.
4   *Ibid.*
5   *Ibid.*

El versículo, junto con el dibujo que lo acompaña, permite acercarse al significado de lo que implica caminar «sobre el mar de los mundos» (también Jesucristo caminaba sobre este mar, como se explica en Mt 14,24-31), pues ambos concuerdan con la imagen de la naturaleza interior de la creación que se da tanto en un átomo como en una célula o en una galaxia, ya que en todo se sigue un mismo patrón de conciencia, como si un mar invisible de fuerzas conectara a los distintos los elementos entre sí.

En un ensayo sobre el budismo, Juan Arnau contradice algunas ideas de la física del siglo XX cuya pretensión era la de encontrar la realidad de la creación por medio de la descomposición del elemento hasta sus fundamentos básicos. Según explica Arnau, al indagar en lo más interior y básico de la creación se percataron de la existencia de otro universo interconectado y absolutamente sorpresivo para la ciencia, aunque quizá no para la metafísica, por lo que, ante todo ello, Arnau concluye: «Se buscaban ladrillos y se descubrió un vergel».[6]

Perneti denomina «mercurio» a este mar invisible y lo describe como la primera materia a partir de la cual se realiza la Gran Obra: el mercurio vulgar. Cattiaux recopiló en varias libretas diversos fragmentos de los maestros del arte de la alquimia sin especificar su autor, pues decía que todos procedían del mismo espíritu. Algunas de dichas páginas se han publicado y en ellas se puede leer: «La primera obra de los elementos es más estimada por los sabios que todo el oro del mundo. Es este sujeto vil y valioso. Es este mercurio que comprende todo lo que buscan los sabios».[7]

Según la teoría alquímica, hallar este mercurio significa encontrar a Dios, o, como se expresa en el versículo del comienzo: «recibir a Dios». Dicho de otro modo, el mercurio, o primera materia, es un don divino y contiene la esencia y la sustancia de Dios; por ello se dice que el mercurio es físico y espiritual y que se recibe tanto espiritual como físicamente.

Los grabados alquímicos del siglo XVII son jeroglíficos que, al igual que la figura del *Mutus liber,* que mostramos a continuación, explican los misterios de la alquimia. En la figura se ve a una mujer y a un hombre recogiendo el rocío al principio de la primavera —los signos de aries y tauro aparecen representados—, cosa que hacen por la noche, antes de que la luz del sol lo especifique. Unas grandes sábanas se empapan con este rocío que, después, trasladan a un recipiente.

---

6 J. Arnau, *Budismo esencial,* Madrid, Alianza, 2017, pp. 114*ss.*
7 *La Puerta. Textos alquímicos,* Tarragona, Arola, 1997, p. 63.

9. Lámina VII del *Mutus liber*, La Rochelle, 1677.

A partir de este momento, el agua del *mar de los filósofos* formará parte de la realidad del *ser-hombre*, y el mercurio universal se convertirá en el mercurio particular, porque ya está fijado en un lugar. Es así como los alquimistas describen su Gran Obra.

Cattiaux explica esta experiencia en un versículo: «Un pequeño hilo de las grandes aguas apenas llega hasta nosotros ahora, y agonizamos en el mundo pidiendo gracia. Un día, nadaremos en la inmensidad del mar celeste y todo nos será dado con profusión, incluso antes de que lo pidamos» (*El Mensaje* 30, 2). Con el «pequeño hilo de las grandes aguas», el autor parece referirse al don de Dios que desencadena el proceder profético y que anuncia «la inmensidad del mar celeste».

El «que recibe a Dios en su corazón, en su espíritu y en su cuerpo» es el sabio o, según el lenguaje hermético, quien ha sido iniciado, tal como aparece reflejado en una de las cartas de Louis Claude de Saint-Martin, apodado «el filósofo desconocido» y coetáneo de Dom Pernety:

No hay otro medio para llegar a esta santa iniciación que el de sumergirse, cada vez más, hasta las profundidades de nuestro ser y de no retroceder hasta que no hayamos alcanzado a obtener la viva y vivificante raíz, porque entonces todos los frutos que tendremos que llevar, según nuestra especie, se producirán naturalmente en nosotros y fuera de nosotros, tal como vemos que ocurre para nuestros árboles terrestres, porque están adheridos a su raíz particular, de la que no dejan de bombear la savia.[8]

Por eso se dice en *El Mensaje:* «Benditos sean los maestros que nos conducen hasta la raíz secreta del fuego. Su memoria se perpetuará en los corazones agradecidos» (*El Mensaje* 8, 45).

---

8   Louis Claude de Saint-Martin, extracto de su «Carta a Kirchberger».

La vida y la muerte

Dios es la vida y la muerte es su reflejo distorsionado, no su opuesto. No se puede oponer la luna a su reflejo en un estanque, ya que se trata de distintos niveles de realidad. Confundir *lo-complementario* con *lo-distinto* ha sido la causa de muchos equívocos a lo largo de la historia. Pretender, por ejemplo, que el hombre y la mujer —que son estrictamente complementarios— corresponden al bien y al mal —que son estrictamente distintos— es un desatino. El siguiente versículo se refiere a esta dualidad:

> El mundo es un equilibrio entre la vida y la muerte, es la expresión del mayor misterio visible.

> La naturaleza está profundamente sepultada en la tierra y altamente situada en el cielo, pero existe un lugar particular donde es más oculta y más evidente que en parte alguna. (*El Mensaje* 8, 47)

En el versículo siguiente al que acabamos de citar aparece la continuación de esta idea: «Así pues, el bien y el mal forman la totalidad que solo se puede nombrar con el silencio» (*El Mensaje* 8, 48), de modo que «la vida y la muerte» del primero se relacionan con «el bien y el mal» del segundo. El binomio compuesto por el bien y el mal resulta equívoco, puesto que, si bien ambos forman una totalidad, no tienen nada en común y su unión, pasajera, no genera nada, no es creadora, solo engendra silencio: «El mal no tiene existencia intrínseca, aparece como el ralentizador de toda parcela de vida que se aleja del manantial del bien eterno, que es el Ser Dios» (*El Mensaje* 11, 32). En el mundo, y también en el ser humano, cohabitan el bien y el mal, pero no se unen ni se mezclan: «El mundo actual no es real ni irreal, ni bueno ni malo. Está formado por una porción de la luz divina infinitamente fraccionada en las tinieblas del no ser» (*El Mensaje* 9, 5).

En el versículo que hemos citado al principio se dice que el mundo, o la creación, consiste en un equilibrio entre la vida y la muerte; unos conceptos tan dispares que su equilibrio es «la expresión del mayor misterio visible». Sin embargo, este equilibrio no puede mantenerse en el tiempo y, al final, deberá decantarse, ya sea hacia la vida o hacia la muerte, tal como se dice en otro versículo de *El Mensaje:* «Los apasionados de Dios encontrarán a Dios y su vida. Los apasionados del mundo encontrarán el mundo y su muerte agonizante» (*El Mensaje* 24, 53).

La vida y la muerte, así como el bien y el mal, conviven de manera efímera en el hombre y en el mundo, pero, al no poder unirse ni conciliarse, la mezcla desaparece al final. En otro lugar de *El Mensaje* se menciona que «El sabio no se aparta de la corrupción del mundo, separa lo que es bueno y lo perfecciona en sí mismo» (*El Mensaje* 10, 56). Esta decantación o separación de lo que es bueno constituye un misterio relacionado con los procedimientos alquímicos y nada tiene que ver con cualquier moral equívoca, en la que, en vez de separar lo bueno para perfeccionarlo y alcanzar la vida, se han mezclado unas realidades intrínsecamente distintas e irreconciliables, lo que no conduce más que a la muerte.

En el primer versículo se afirma lo siguiente: «La naturaleza está profundamente sepultada en la tierra y altamente situada en el cielo, pero existe un lugar particular donde es más oculta y más evidente que en parte alguna». En el lenguaje alquímico, a la naturaleza sepultada se la conoce como «lo fijo», oculto en la profundidad de la tierra, mientras que la que está en el cielo corresponde a «lo volátil».

Los cabalistas cristianos del Renacimiento no utilizaban estos términos y, sin embargo, escribieron sobre el Nombre de Dios separado o dividido; una parte del Nombre, es decir, del Tetragrama o IAVE, estaría «profundamente sepultada en la tierra» y la otra «altamente situada en el cielo», pero, gracias a la venida de Jesús, o Ieshua, en hebreo, las cuatro vocales del Tetragrama pudieron reunirse mediante la letra *shin* de *Ie-sh-ua*. A nivel simbólico, esta letra representa el fuego, un fuego de fusión que une las cuatro vocales divididas. Pico della Mirandola se refirió a ello en una de sus famosas conclusiones y escribió lo siguiente:

> Por la letra *shin* que está en medio del nombre de Jesús, se nos significa cabalísticamente que entonces reposó tan perfectamente como el mundo en su perfección, cuando la *iod* [IA] se unió a la *vav* [VE], lo que se hizo en Cristo, que fue verdadero hijo de Dios y verdadero hombre.[1]

---

1 G. Pico della Mirandola, *Conclusiones mágicas y cabalísticas*, Barcelona, Obelisco, 1982, p. 87.

La tradición hebraica, que Pico y los demás cabalistas cristianos estudiaron y comprendieron en profundidad, enseña que la chispa divina que Adán arrastró consigo en su caída no solo está oscurecida y enterrada en el ser humano, sino que también está encolerizada porque el hombre la desprecia, la ignora, y con ello impide que habite en el lugar que le corresponde: su templo. Este templo sería asimismo el emplazamiento de la letra *shin*, es decir, del fuego; un fuego que quema y destruye cuando arde en cólera y que da la vida y madura cuando se apacigua con el agua de la misericordia.

Entender la convivencia entre el bien y el mal, entre la cólera y el amor o entre el rigor y la misericordia, en términos de la tradición judía, o comprender que tras la muerte se esconde la vida, es una cuestión difícil; sin embargo, este es uno de los contenidos del hermetismo y también de *El Mensaje,* tal y como aparece en muchos versículos: «El mal cubre el bien y la muerte encubre la vida» (*El Mensaje* 4, 40), o «La ciencia divina... manifiesta la vida sirviéndose de la muerte» (*El Mensaje* 1, 59).

Ante estos misterios, Nicolás de Cusa (1401-1464) propuso la idea de la *coincidentia oppositorum,* o «coincidencia de opuestos», una idea que justifica la teoría cristiana de que en la figura de Jesucristo coinciden lo infinito universal y lo finito particular, algo irreconciliable, dos realidades distintas que conviven en el misterio, «la paradoja absoluta» de Karl Barth. El obispo renacentista acuñó también el concepto de *docta ignorantia,* que es una forma de «silencio» ante «el mayor misterio visible», aquello que la mente humana no puede entender.

Así, el «lugar particular donde [la naturaleza] es más oculta y más evidente que en parte alguna» solo puede ser conocido mediante una revelación exterior, un don. Según Emmanuel d'Hooghvorst, este lugar sería la Virgen. Ella es el lugar por excelencia; en ella se concilian los opuestos y cohabitan los distintos. Ella representa el más absoluto contrasentido, ¡una virgen que da a luz! Es la naturaleza que ejecuta el querer de Dios; ella es lo «más oculto», para este mundo, «y lo más evidente» para el mundo por venir.

A lo largo de los siglos, se han dado diversas interpretaciones al misterio mariano, es decir, al hecho de ser madre de Dios, acudiendo a la siguiente cita del profeta Isaías: «el Señor mismo os dará la señal: he aquí que la virgen concebirá y dará a luz un hijo, y llevará su nombre Emanuel» (Is 7,14). Las discusiones teológicas, y también las herméticas, se han centrado en el significado de la palabra hebrea que utiliza el profeta, y que es *almah*, que significa tanto «doncella, joven» como «algo que se guardado oculto, escondido». Para designar el vocablo «virgen» hay otra palabra más apropiada en hebreo: *betulah*. Sin embargo, las traducciones clásicas al griego y al latín, es decir, la *Septuaginta* y la *Vulgata* respectivamente, optaron por traducir aquel vocablo hebreo por «virgen», conformando así el carácter profético de Isaías.

La raíz hebrea de la palabra *almah* es *alam*, que aparece igualmente en la palabra *olam*, que significa «mundo», «eternidad», pero también, y esto es lo relevante, «oculto», «no conocido». A partir de aquí, la profecía mesiánica de Isaías se explica no como un simple milagro, sino como la expresión del misterio de *aquello-que-es-Dios* en su ocultamiento o en su manifestación, en su eternidad o en su historicidad, es decir, cuando es «más oculto o más evidente», tal como se apunta en *El Mensaje*.

En otro versículo se alude a la relación de las dos naturalezas, la inferior y la superior, a las que nos hemos referido al principio: «La naturaleza liberará la naturaleza y el niño misterioso nacerá de la única Madre» (*El Mensaje* 4, 96), unas frases que de inmediato remiten al texto de la *Tabula* de Hermes, cuando afirma que lo de arriba y lo de abajo se unen para hacer los milagros de una sola cosa. El encuentro entre la naturaleza sepultada en el fondo de la tierra y la que está situada en el cielo, y que libera a la primera, reside en una referencia al misterio mariano, o, dicho de otro modo, al engendramiento del Mesías o Cristo en la creación, separado de la mugre provocada por la caída, pero oculto tras ella.

El hecho de nacer en un establo es, a nivel simbólico, harto elocuente: en efecto, el rey Mesías ve la luz del mundo entre un asno y un buey. Un versículo del final de *El Mensaje* dice así: «Felices quienes recuerdan que el Señor nació en un humilde establo, bienaventurados quienes reencuentran su huella en este mundo y muy felices quienes lo calientan de nuevo como asnos sabios» (*El Mensaje* 40, 16).

El asno sabio que acompaña a la Virgen en el alumbramiento de Dios sobre la tierra explica el sentido de los versículos que estudiamos, puesto que la naturaleza de este animal es especialmente «agitada», «perturbada» e «inflamada». Emmanuel d'Hooghvorst, en un estudio dedicado al simbolismo del asno, que en la tradición egipcia representa al dios Set, el enemigo de Osiris, dice lo siguiente respecto de su significado: «Set es, pues, el doble-sentido del mundo. Pero según el significado siniestro, es el mal principio, causa de oscuridad, de rebeldía y de muerte aquí abajo».² Sin embargo, una vez emasculado, se convierte en el soporte de una realidad totalmente ajena a su naturaleza primera; por eso D'Hooghvorst concluye: «El asno puede servir de montura al Mesías. [...] Así, cuando el asno es montado por el Rey-Mesías y le es sumiso, se convierte en el *porta luz*, el vehículo de su manifestación».³

---

2 E. d'Hooghvorst, *El hilo de Penélope I, op. cit.,* p. 310.
3 *Ibid.,* pp. 311-312.

La meditación

La meditación se entiende como un camino para el ser humano, ya sea para alcanzar la tranquilidad del espíritu o, eventualmente, como una vía a la iluminación. En cambio, en un versículo de *El Mensaje* se dice algo sorprendente: que Dios es quien medita su vía en el hombre. Estas son exactamente sus palabras:

> Cuanto más desde abajo se ve el cielo, más bello y profundo parece.
> Así, en la humillación y en la desgracia, a menudo se puede entrever a Dios mejor que en medio de los placeres y de la gloria del mundo.
>
> Dios medita su vía en la gran noche del hombre; es por eso que la fe debe acompañar hasta el final a quien realiza su obra, pues la purificación se hace primero dentro, después aparece fuera y resplandece plenamente en la unión. (*El Mensaje* 9, 54)

En la primera parte del versículo se habla de los seres que están abajo y miran hacia lo alto, hacia el cielo; la segunda parte se refiere al Dios que habita en el cielo y medita sobre lo bajo, o, quizá, al Dios que está en lo bajo, donde medita. Tan significativo es lo uno como lo otro y, sin embargo, la afirmación «Dios medita su vía en la gran noche del hombre» resulta extraña: ¿qué significa que Dios medite su vía?, incluso ¿qué significa que Dios medite?, ¿para qué lo necesita?, o ¿qué es una vía para Dios? La afirmación de *El Mensaje* puede parecer un sinsentido, un juego del lenguaje, pero no lo es.

La respuesta tiene que ver, a nuestro entender, con un aspecto básico recogido en el hermetismo y en muchas tradiciones espirituales y que se refiere a la necesidad que Dios tiene de conocerse a sí mismo. Dios habría creado a los seres humanos para reflejarse en ellos, como en un espejo, y tomar conciencia de su propio ser. Como ejemplo de esta idea acostumbra a citarse un *hadiz* (los comentarios de Mahoma no escritos en el Corán), donde se afirma que Dios dijo: «Yo era un tesoro escondido y quise ser conocido. Y entonces creé el Mundo».[1]

«Dios medita» para conocerse; esta simple afirmación engendra un pensamiento ajeno a cualquier apriorismo respecto de qué

---

[1] Véase VV. AA., *Los dos horizontes. Textos sobre Ibn al-Arabí*, Murcia, CCET, 1992, p. 336.

es Dios y obliga a plantearse la idea de que no puede separarse de su creación. Al Dios no creador —es decir, al Dios no manifestado— no lo podemos conocer ni desconocer, ya que está más allá de cualquier definición; por eso en muchas tradiciones se afirma que solo se puede conocer al Dios creador o manifestado, al *ser-Dios*, puesto que su conocimiento se alcanza gracias a la creación, en ella y por ella. A partir de esta premisa es posible acercarse a la sentencia «Dios medita», pues la creación conlleva una meditación.

La etimología confirma la relación entre meditar y crear, del siguiente modo: el verbo «meditar» proviene del latín *meditāri* («meditar», «considerar») que, a su vez, deriva de la raíz indoeuropea *med-* («medir», «tomar medidas»). Así, meditar es también medir, limitar o concretar la infinitud del Creador en un lugar y, en consecuencia, crear. Emmanuel d'Hooghvorst escribió lo siguiente en relación con la medida y la creación: «Habiendo medido la inmensidad con un sentido puro, dice María, hice de ella un Dios que se mide».[2] La inmensidad se mide en María y deviene el Dios cognoscible.

Como está escrito en otro lugar de *El Mensaje:* «La creación de los universos es como la experimentación de una parte de Dios por él mismo» (*El Mensaje* 9, 26). Dios se experimenta a sí mismo en su obra y esta experiencia es la vía por la cual transita la creación (el ser humano) hasta su unión con el Creador, pues, como afirma el versículo que abre esta reflexión, su obra «resplandece plenamente en la unión». Respecto de esta luz que resplandece en la unión, otro versículo señala: «Las tinieblas secretas incuban la luz inmortal del Perfecto» (*El Mensaje* 8, 30). El «Perfecto» sería el nombre dado a la unión del Creador y la creación. En otro de sus aforismos, Emmanuel d'Hooghvorst escribió: «¡Necios que pensáis en Dios, encendedlo en vosotros!».[3] Como es lógico, solo se puede encender aquello que está apagado, y que, en *El Mensaje,* se denomina la «gran noche del hombre» o las «tinieblas secretas».

La vía de Dios constituiría el devenir de la creación y, por consiguiente, del Hombre. Según la tradición cristiana, este Hombre, con mayúscula, es Jesucristo —en otras tradiciones sería el justo, el perfecto, el sabio, el adepto, etc.—; en Él se completa la creación, no la exterior, sino la íntima. El *ser-Dios* no debería suponer una especulación, sino el fruto de una experiencia. Y es justo esta expe-

---

2 E. d'Hooghvorst, *El hilo de Penélope I, op. cit.,* p. 340.
3 *Ibid.,* p. 344.

riencia la que permite que Dios medite «su vía en la gran noche del hombre». Por otro lado, la frase «Dios medita su vía» habría que relacionarla con otro versículo en el que se dice: «Meditar es cocer suavemente el cuerpo y el espíritu hasta la glorificación del alma» (*El Mensaje* 13, 43). Esta cocción suave permite separar y unir, unir y separar el cuerpo del espíritu y el espíritu del cuerpo, para que en este vaivén misterioso aparezca la glorificación del alma, que sería el espejo luminoso o iluminado en el que Dios se conoce y experimenta su auténtica realidad, el *ser-Dios*.

Entendida desde Occidente, la tradición extremo-oriental partiría de estos planteamientos, pero para alcanzar la compresión de qué es el hombre, por lo que podría considerarse una tradición ateísta, o, por lo menos, una que niega al Dios trascendente. A nuestro entender, se trata de una simplificación, puesto que, como sucede en *El Mensaje*, la tradición oriental propone el conocimiento del *ser-Dios* en el despertar personal o en la experiencia pura.

A principios del siglo XX, el filósofo japonés Kitarō Nishida (1870-1945) se instruyó en la filosofía occidental, así como en los misterios cristianos, alcanzando una notable comprensión en sendos ámbitos. En un fragmento sobrecogedor escribe lo siguiente:

> Creo que una idea fundamental de todas las religiones es la de que Dios y los seres humanos tienen la misma naturaleza, que en Dios los seres humanos retornan a su origen y que solo lo que se basa en estos dos puntos puede llamarse verdadera religión.[4]

Para él, la esencia de la religión consiste en la relación entre Dios y los seres humanos, entendidos como «conciencias individuales», mientras que la imagen que más se acerca a la idea de Dios sería la de «fundamento del universo». A partir de estos presupuestos, Nishida afirma lo siguiente: «En la base de todas las religiones tiene que haber una relación entre Dios y los seres humanos», pues, así como las manos y los pies son partes de lo humano, lo humano es una parte de Dios. Esta relación es recíproca: el hombre, como conciencia particular, ora a Dios y le da las gracias por su retorno a Él, «que es la fuente del yo»; a su vez, «Dios ama a los hombres no para procurarles felicidad mundanal, sino para hacer que retornen

---

4 K. Nishida, *Indagación del bien*, Barcelona, Gedisa, 1995, p. 204.

a Dios». En este encuentro reside la genuina piedad y el desapego del yo, pues, como escribe Nishida:

> Encontrar el verdadero yo en Dios podría parecer poner énfasis excesivo en el yo, pero en realidad esta es la razón para abandonar el yo y alabar a Dios. Por eso la idea de un Dios trascendente que controla el mundo desde fuera no solo está en conflicto con nuestra razón, sino que no es propia de la religiosidad más profunda.[5]

La relación entre Dios y los seres humanos, que Nishida considera el fundamento de toda religión, se explica en *El Mensaje* con las siguientes palabras: «La naturaleza luminosa es la primera y más bella manifestación del Señor. El hombre puro es la última y más perfecta creación de Dios y de la naturaleza. He aquí el resumen del Universo» (*El Mensaje* 8, 11). Podría decirse que el hombre puro es aquel que tiene *la experiencia pura,* sobre la que Nishida, y el zen en general, fundamentan su filosofía.

Para retornar a su origen, el hombre de este mundo solo cuenta con la brújula de la fe: «Tenemos que caminar —se afirma en *El Mensaje*— según la brújula de la fe en las tinieblas del mundo» (*El mensaje* 21, 40), o como se expresa en el versículo del principio de este apartado: «la fe debe acompañar hasta el final a quien realiza su obra», aunque con la conciencia de que se está siguiendo la vía de Dios y no la vía individual de cada ser, cosa que solo abocaría a la primacía del ego. La reunificación que conlleva esta vía se realiza en el interior, un adentro que puede entenderse como la interioridad del corazón o del atanor, y, posteriormente, afuera, donde «resplandece plenamente en la unión», es decir, en la manifestación.

«Cuanto más desde abajo se ve el cielo, más bello y profundo parece»; un abajo que estaría relacionado con la «gran noche del hombre», en la que actúan la humillación y la desgracia. En cambio, cuando son los placeres y la gloria del mundo los que dominan, dificultan la visión de Dios. Aparecen entonces otras tinieblas y la oscuridad de *lo-que-no-es-Dios* se apodera de la criatura, que se separa así de su Creador.

El hombre realiza la obra de Dios, como el Hijo cumple la voluntad del Padre, y esta realización ocurre en «la gran noche del hombre». En otro sentido, quizá complementario, la noche del hombre puede

5 *Ibid.*

referirse también al humilde nacimiento de Jesús en un pesebre. La palabra «pesebre» procede del latín *praesēpe*, que a su vez viene de *saepio* («cercar», «rodear de un vallado», «amurallar», «encerrar», «guardar»). A partir de esta definición de «límite», de algo cerrado, puede entenderse que el pesebre no sea otra cosa que una madera hueca, un recipiente preparado para contener y alimentar el fuego divino, el Niño Dios, que nacerá en plena noche.

En el evangelio de Tomás se dice que el espíritu se halla en la madera (*hyle* en griego), una palabra que significa a la vez «madera» y «materia»; un árbol hueco, esto es, una oquedad en la materia que contiene al Hijo, que es la luz. La siguiente cita de un evangelio gnóstico se refiere a ello: «Yo soy la luz que está sobre todos ellos. Yo soy el Todo: el Todo ha salido de mí, y el Todo ha llegado. Hendid la madera: yo estoy allí; levantad la piedra y me encontrareis allí».[6]

Al penetrar en lo desconocido y más profundo de la conciencia, «la gran noche del hombre», y rescatar la luz oculta en el caos del principio, se produce la epifanía de Dios —el *ser-Dios*—. Por eso, en lo más oscuro de la noche invernal es cuando nace la nueva luz en este mundo.

El hombre exterior no participa del despertar de la herencia divina. Solo puede no impedirlo, lo que es igual que no hacer, no actuar. Así, la «noche del hombre» alude al lugar de *Dios-en-el-hombre*, algo pequeño e insignificante, humilde y sufriente, que, sin embargo, va a convertirse en el reino de los cielos: «Y al lugar le puso el nombre de "Betel" (*Beit El:* «casa de Dios») aunque anteriormente el nombre de la ciudad había sido Lutz»[7] (Gn 28, 19).

---

6 *Evangelio según Tomás*, Barcelona, Obelisco, 1992, p. 61.

7 *Lutz,* en hebreo, significa «almendra» o «avellana» y también alude al hueso que está en la base de la columna vertebral.

La inocencia y la sabiduría

Cuando se reflexiona sobre la inocencia es difícil relacionarla con la sabiduría, pues, en apariencia, son conceptos que pertenecen a ámbitos distintos. En cambio, en el siguiente versículo de *El Mensaje* se vinculan inocencia y sabiduría como principio y final de un mismo proceso de conocimiento:

> La zarza y el malvado se apartan con el bastón; quien mete ahí la mano se enreda y se desgarra inútilmente.

> La sabiduría última es como la inocencia primera, con esta única diferencia, que una se conoce y la otra se ignora. (*El Mensaje* 11, 25)

Desde un punto de vista etimológico, «inocente» es lo que no es nocivo; así pues, según el versículo, aunque la primera inocencia no es nociva, es ignorante; la sabiduría última es, propiamente, un conocimiento, pero inocente, es decir, no nocivo, porque existe una sabiduría maliciosa y perversa que es la del hombre caído. «Solo la inocencia reencontrada —se dice en otro lugar de *El Mensaje*— puede reconciliar a los hombres con Dios, con la naturaleza y con ellos mismos» (*El Mensaje* 23, 45). La inocencia que no es maliciosa supone un retorno a un estado original, es decir, la reconciliación de lo que se separó por la caída de Adán y Eva. En aquel momento, lo que era el atributo esencial del ser humano, la inteligencia, se convirtió en algo nocivo, puesto que, en vez de servir a la unidad consciente entre el Creador y la criatura, esta última la utilizó para su propio beneficio.

Otro versículo de *El Mensaje* advierte: «La inteligencia nos ha sido dada para que la cabalguemos y sirva para nuestra liberación y no para que nos aplaste y nos encadene en este mundo mezclado» (*El Mensaje* 18, 8). El ser humano es inteligente, pero esta inteligencia, separada de Dios, genera una sabiduría que encadena al hombre a este mundo en vez de liberarlo. «El intelecto —se asegura en *El Mensaje*— es la espada llameante y giratoria que nos prohíbe la entrada del jardín de Edén» (*El Mensaje* 12, 2); el intelecto separado de Dios es lo que impide que seamos hombres completos, pero también lo que hace que no seamos solo animales. La inteligencia separada del bien original se transforma en astucia y se parece a la serpiente que provocó la caída de Adán y Eva: «Pero la serpiente era astuta, más que todos los animales del campo que Jehová Dios había hecho, la cual dijo a la mujer: "¿Conque Dios os ha dicho: '¿No comáis de todo árbol del huerto?' [...], sabe Dios que el día que comiereis de él serán abiertos vuestros ojos, y seréis como dioses sabiendo el bien y el mal"» (Gn 3,1 y 5).

En su obra *Física y metafísica de la pintura*, Cattiaux explica lo siguiente: «La orgullosa creencia en nuestra supuesta civilización y en nuestra pseudociencia, por desgracia, nos impide considerar el misterio de la creación a partir de la simplicidad primera, en que el instinto unido a la intuición reemplazaría brillantemente nuestra rastrera razón razonadora»,[1] y en *El Mensaje* también se lee: «Las ciencias que los hombres profesan exigen sutileza y muchos esfuerzos para ser parcialmente poseídas. La ciencia que Dios enseña requiere simplicidad y paciencia para conocerse en su totalidad» (*El Mensaje* 2, 57). La ciencia de Dios es inocente y es simple, como un juego de niños.

Parece evidente que «la rastrera razón razonadora» que Cattiaux cita en su obra tiene que ver con la astucia de la serpiente que sedujo a Eva y la condenó, a ella y a su descendencia, a una vida fuera del Paraíso y a la pérdida de la inocencia primera. Emmanuel d'Hooghvorst escribió un largo artículo sobre la serpiente del Génesis, en el que se preguntaba con respecto a su naturaleza seductora y acerca del propio sentido de la seducción, y citaba las siguientes palabras de un comentador bíblico judío llamado Ets Josef:

> En realidad, la obra de la serpiente de la que aquí se habla no era verdaderamente una obra, sino una maquinación, puesto que se suele hablar de obra cuando se refiere a un trabajo corpóreo, y se habla de maquinación cuando se refiere a un deseo en espíritu; esta es la razón por la cual el cebo es llamado «maquinación».[2]

Según los comentarios rabínicos, la serpiente utilizó la astucia para seducir a Eva, pero esta seducción no fue una obra, sino una maquinación, solo en espíritu. A causa de esta extraña unión se perdió el estado edénico, la inocencia primera. Así, puede entenderse que en *El Mensaje* se compare la «sabiduría última» con la «inocencia primera», pues la sabiduría última sería un retorno al estado edé-

---

1 L. Cattiaux, *Física y metafísica...*, op. cit., p. 45.
2 E. d'Hooghvorst, *El hilo de Penélope I*, op. cit., p. 294.

La inocencia y la sabiduría

nico o, quizá, mejor dicho, mesiánico, esto es, una inocencia con el conocimiento del bien y el mal proporcionado por la caída.

La «inocencia primera» representa tanto la de Adán y Eva en el jardín del Edén, como la de los niños que todavía no maquinan en su propio existir, pero también constituye la inocencia reencontrada de los sabios. Según Paracelso, los tiempos mesiánicos vendrán cuando los juegos inocentes de los niños reemplacen las astucias de los viejos. La penúltima de *Las profecías o pronósticos de Paracelso*[3] lo explica con claridad: «Se producirá tal renovación y cambio que serán como niños que nada conocen de la astucia y las intrigas de los adultos...».[4] El último pronóstico, en el que describe la llegada del nuevo mundo, va acompañado de la imagen de unos niños jugando como si fueran unos ángeles pintados por Rafael. La «sabiduría última» en ningún caso es nociva; en *El Mensaje* se expone de la manera siguiente: «Es necesario ser muy instruido y muy poderoso para volverse sencillo y humilde como un niño pequeño» (*El Mensaje* 2, 62).

En la traducción francesa de 1622 del libro alquímico de Salomon Trismosin titulado *La toison d'or*, de 1598, se muestra a unos niños jugando, *Ludus puerorum*, y se alude al proceso de la Gran Obra con estas palabras:

> Esta ciencia se compara muy a propósito, y de manera excelente, al juego de los niños porque cualquier arte es justamente denominado juego [...], en los cuales los buenos espíritus se deleitan y los doctos obtienen el mismo placer sin ninguna preocupación o enojo como los niños gustan de las cosas frívolas de acuerdo con su modo *de ser, y que los hace pasar el tiempo fácilmente sin temer ninguna contrariedad.*[5]

En *El Mensaje* se habla de la «sabiduría última», y se asegura que esta, a diferencia de la inocencia de los niños, se conoce y es consciente de sí misma. Los niños son inocentes, pues aún no conocen lo propio de la vida encarnada: el deseo y las pasiones; por eso el conocimiento, que es imprescindible para alcanzar la regeneración de toda la creación, se convierte en el mayor desafío para el hombre; sería comparable al viaje del héroe por el mundo infernal, donde no

---

3   Paracelso, *Tres tratados esotéricos*, Madrid, Luis Cárcamo, 1977.
4   *Ibid.*, p. 69, fig. 31.
5   S. Trismosin, *La toison d'or ou La fleur des trésors*, París, Retz, 1975, p. 114.

penetra la luz divina. Si se supera esta prueba, la del error ligado a las pasiones y al ego, la conciencia ya no volverá a sentirse perturbada. Por eso, en otro lugar de *El Mensaje* se afirma lo siguiente: «La inocencia reencontrada puede contemplarlo todo, pues solo ella no se extraña de nada, no juzga ni profana nada» (*El Mensaje* 15, 26).

Que la «inocencia reencontrada» se convierta en la «sabiduría última» representa el empeño natural de todas las tradiciones espirituales. Conocer sin interés, sin astucia, con generosidad, ya que, tal como escribió Emmanuel d'Hooghvorst en uno de sus artículos: «El verdadero candor del hombre vuelto niño es una gnosis que se guarda».[6]

El ser humano pretende suprimir con su astucia las tinieblas *no-creadas* que lo habitan, pero en *El Mensaje* se advierte de que intentarlo es un sinsentido que daña a quien lo hace: «La zarza y el malvado se apartan con el bastón; quien mete ahí la mano se enreda y se desgarra inútilmente». No se alcanza la «sabiduría última» con las astucias propias del mundo caído, sino habiendo retornado al Paraíso tras haber conocido las miserias físicas y espirituales propias de este mundo. Así se explica en *El Mensaje*:

> Es absolutamente necesario que los astutos, los orgullosos y los violentos experimenten lo absurdo de sus sistemas. Por desgracia, esto se hace primero a costa de los inocentes antes de volverse contra ellos. Cesemos, pues, de ser tan inteligentes en el mundo, a fin de volvernos cada vez más sencillos en Dios. «El peor engaño es tener las manos limpias y el corazón sucio». (*El Mensaje* 13, 23)

Los muy inteligentes son aquellos que intentan arreglar aquello que no puede serlo, pues no pertenece a la auténtica creación. Es solo una ilusión que debe ser atravesada para encontrar la conciencia de *lo-que-no-es*; una ilusión fecunda, según Òscar Pujol, pues, tras las tinieblas de *lo-que-no-es,* se encuentra algo valioso que debe ser rescatado.[7]

La «inocencia primera» y la «sabiduría última» se refieren a la unión del hombre con Dios y, en dicha unión, reside la alegría de Dios, puesto que entonces su creación se ha completado: «La alegría de Dios está en la unión de los sabios y en la plegaria de los santos, como está en la inspiración de los artistas, en el juego de los niños y en los cantos de toda la naturaleza» (*El Mensaje* 11, 8).

---

6   E. d'Hooghvorst, «El mensaje profético de Louis Cattiaux», en R. Arola, *Creer lo increíble...*, *op. cit.,* p. 84.

7   Véase el epílogo de Òscar Pujol a su libro *La ilusión fecunda*, *op. cit.,* pp. 243-246.

El árbol de la vida

En la Biblia está escrito que el árbol de la vida se levanta en medio del paraíso terrenal, y se dice también que existe otro árbol, el del conocimiento del bien y del mal, que, según *El Mensaje,* crece en el muro de la cerca. Precisamente este árbol fue el que desencadenó el drama de la humanidad en forma de pecado original. El siguiente versículo se refiere a ello:

> El árbol de vida está plantado en el centro del jardín del paraíso, pero el árbol del conocimiento del bien y del mal crece encabalgado sobre el muro de la cerca.
>
> El sabio medita sobre la nada de donde ha salido el todo.
>
> Es guardián de la sabiduría que procede del cielo y de la tierra.
>
> (*El Mensaje* 12, 3)

A partir de estas palabras, se entiende que «el árbol del conocimiento del bien y del mal» se encuentra en el límite entre *este-mundo* y el *mundo-por-venir*, sobre el muro que separa una realidad de otra, lo que significa que puede ser objeto de conocimiento para el hombre caído, a diferencia del árbol de vida que está «en el centro del jardín del paraíso», al que solo tienen acceso los iniciados. Sin embargo, en la posibilidad de examinar el «árbol del conocimiento del bien y del mal» hay implícita una trampa inevitable que consiste en creer que se contempla todo el conjunto, cuando solo se ve la parte que se asoma al mundo exterior. De este error procede la parcialidad en la comprensión de los misterios.

El hombre moraliza porque cree saber qué es el bien y qué es el mal, mientras que su saber es parcial y se dispone en función de su pensamiento. Emmanuel d'Hooghvorst expresó esta idea en su artículo titulado «*Ecce homo*», integrado con posterioridad en *El hilo de Penélope I,* donde escribía: «El más hermoso paraíso de los ecologistas no dejará nunca de ser más que un paraíso animal en el que los hombres mueren como en cualquier otra parte, sin finalidad ni esperanza. La evidencia de la muerte ha vuelto vana toda moral».[1] Desde el exterior, el árbol parece un reflejo del paraíso, pero en realidad se trata de «un paraíso animal» en el que el juicio del hombre solo puede discernir desde su propia perspectiva el

---

[1] E. d'Hooghvorst, *El hilo de Penélope I, op. cit.,* p. 246.

bien del mal; por eso se dice en *El Mensaje:* «Todas nuestras leyes no son más que hipocresías y maldades si nuestros corazones no están sometidos a la ley de amor del Perfecto» (*El Mensaje* 38, 1).

La moral es una costumbre (del latín *mōris,* «costumbre», y de ahí *mōrālis,* «lo relativo a los usos y las costumbres») que los hombres han creado para la buena convivencia —interpretando exteriormente el contenido de los libros sagrados—, pero no sirve como vehículo para que los hombres puedan retornar a su origen divino. Los sabios siempre se han enfrentado con vehemencia a los preceptos morales, pues son engañosos y pervierten la necesidad de la búsqueda divina. El ser humano cree que si los cumple se salvará, cuando es su propia inteligencia la que distingue lo que está bien y lo que está mal; por eso se dice que el árbol edénico está más allá de la moral. El espíritu humano se complace con la moral, puesto que la entiende, pero en esta comprensión reside su trampa.

El Mensaje es muy explícito respecto de la autocomplacencia en el cumplimiento de los preceptos morales: «El pecado y la caída es haber comido el fruto envenenado del árbol doble, es haber absorbido la sustancia viva con la mugre muerta y es seguir haciéndolo» (*El Mensaje* 19, 68). La mugre se halla de manera inevitable en el ser humano y no se expulsa con la moral; es necesario atacarla rectificando el motivo por el que se ha contraído, pues no solo es espiritual, sino también física; el versículo de *El Mensaje* que acabamos de citar continúa así: «La regeneración y la redención es descubrir y comer el fruto puro del árbol único que expulsará de nosotros el hedor, la oscuridad y la inercia fatal de la muerte».

La alquimia tradicional consiste en el arte de elaborar, con la ayuda de Dios, la medicina que expulsa la muerte y que proporciona la regeneración espiritual y física. Es la función de la piedra filosofal, a la que aludieron algunos alquimistas de la escuela de Paracelso con el acrónimo V.I.T.R.I.O.L.V.M., que en latín significa *Visitabis interiora terrae rectificando invenies occultum lapidem veram medicinam,* y cuya traducción sería: «Visita el interior de la tierra y rectificando encontrarás la oculta piedra [que constituye la] medicina verdadera».

Utilizar un acrónimo no constituye un capricho ocultista, sino un modo de enseñar el doble sentido del lenguaje de los filósofos. Así, V.I.T.R.I.O.L.V.M., o, simplemente, V.I.T.R.I.O.L., resume tanto las operaciones alquímicas como su materia. A finales del siglo XVIII, Dom Pernety —recogiendo el legado de los grandes maestros— escribió lo siguiente al respecto:

El árbol de la vida

Pocas son las materias con las que los químicos hayan practicado tanto como el vitriol común. Lo tomaron por la materia del magisterio de los Filósofos; y hay que reconocer que no existe nada más apropiado para inducir a error a aquellos que toman las palabras de los sabios al pie de la letra. Además, han elogiado de tal forma esta sal mineral que resulta muy difícil no caer en la trampa que han tendido a los ignorantes, al menos en apariencia, puesto que advierten a todos que no hay que detenerse en las palabras sino en el sentido que esconden. A consecuencia de ello propusieron el siguiente enigma, cuyas letras iniciales de cada palabra, reunidas, forman V. I. T. R. I. O. L., es decir, *Visitabis interiora terrae rectificando invenies occultum lapidem*.[2]

Y concluye su exposición diciendo que: «La obra completa y su materia están, según ellos, contenidas en estas palabras».

La tradición hebrea ha comentado de manera exhaustiva el tema de los dos árboles, esto es, el árbol de la vida y el del conocimiento del bien y del mal. De entre los distintos comentarios sobre el árbol de la vida, nos parece relevante el que escribe en su *Sefer ha-Rimon* rabí Moisés de León, autor de *Sefer ha-Zohar*, porque enseña su naturaleza sagrada. Dice así:

Porque la Torá es denominada «árbol de vida». Al igual que este se compone de ramas, hojas, corteza, médula y raíces, y cada uno de estos elementos que lo componen puede ser llamado parte constituyente del árbol... también verás que la Torá contiene muchas cosas interiores y exteriores y todas forman una sola Torá y un solo árbol sin que se den diferencias.[3]

Los libros de los sabios contienen las palabras de quienes han contemplado el interior del jardín y han comido del «árbol de la vida», y por eso pueden ofrecer el buen fruto, que es su palabra. En *El Mensaje* se explica con este versículo: «¿No hemos dado un fruto maravilloso, como un buen árbol plantado por el Señor en la tierra de exilio? Los que coman de este fruto volverán al paraíso de Dios, y ya no volverán a salir de él gracias a su experiencia de la muerte»

2 A.-J. Pernety, *Dictionnaire...*, *op. cit.*, p. 525.
3 Citado en G. Scholem, *La cábala y su simbolismo*, Madrid, Siglo XXI, 1979, pp. 49-51.

La actualidad del hermetismo

(*El Mensaje* 34, 70). En un misal de finales del siglo XV[4] se encuentra una representación extraordinaria del árbol del paraíso.

10. Berthold Furtmayr, *Baum des Todes und des Lebens*, Salzburgo, 1481.

El árbol está dividido en dos partes: a la izquierda se ve a Eva desnuda mientras recoge el fruto que le da la serpiente y se lo ofrece a los hombres acompañados por la muerte. En el lado contrario aparece María recogiendo las hostias que, en forma de fruto, crecen de los pies de la cruz de Jesucristo, y que reparte como la medicina de la salvación. «Quien adora al Señor de vida —se enseña en *El Mensaje*— es alimentado por el Señor de vida; es una maravilla que le es natural, pero pocos lo comprenden aquí abajo» (*El Mensaje* 38, 22).

El versículo de la derecha está formado por dos sentencias, en la primera de las cuales se afirma que «El sabio medita sobre la nada de donde ha salido el todo»; después, refiriéndose al mismo sabio, se dice: «Es guardián de la sabiduría que procede del cielo y de la tierra». Así, el sabio medita sobre la creación que es una nada y es

4 Misal de Bernard von Rohr, Bayerische Staatsbibliothek, Múnich, c. 1478.

un todo, según repose o actúe, pero que, en cualquier caso, procede del encuentro del cielo y la tierra. En reposo es la nada, en el acto es el todo. Como está escrito en otro versículo de *El Mensaje:* «El colmo del reposo desemboca en el acto creador, el colmo del movimiento conduce al reposo regenerador» (*El Mensaje* 13, 28).

En una de las cartas que componen la larga correspondencia epistolar entre René Guénon y Louis Cattiaux, este último le explica al primero su visión de la nada, que equivaldría al reposo del ser. Guénon le responde asegurándole la coincidencia de sus dos pensamientos, y añade:

> Solo que yo prefiero decir no manifestado y manifestado donde usted dice «Ser en reposo» y «Ser en acto», porque lo que habitualmente se opone al «acto» es la «potencia», y no puede haber ninguna potencialidad pura, y en realidad, lo manifestado en tanto que participa de ello, nunca puede ser completamente «en acto».[5]

Esta cuestión terminológica resulta interesante, pues indica que Guénon no concibe la posibilidad de que algo en acto pueda ser universal, como sería el caso de la piedra filosofal, según proclama la tradición alquímica; por eso, Guénon añade el siguiente comentario: «lo no manifestado va más allá del Ser, en tanto que este no es propiamente más que el principio de la manifestación universal».[6]

El sabio que medita sobre «la nada de donde ha salido el todo» es guardián del árbol de la vida, a fin de que ningún profano pueda acceder a él sin el beneplácito y la compañía de Dios, como se explica en otro versículo de *El Mensaje:* «El origen de la vida y de la muerte debe ser mantenido en secreto, a fin de que la majestad divina no pueda ser profanada por el primero que pase, como ya se produjo una vez con Adán» (*El Mensaje* 9, 60).

Un último apunte en relación con el secreto del «árbol de vida» que, a diferencia del «árbol del conocimiento del bien y del mal», solo puede ser contemplado por aquel a quien le resulta imposible profanarlo. Se ha asimilado el árbol de la vida al hombre regenerado, cuya columna vertebral, al igual que el árbol de la vida, que se halla

---

[5] *Correspondencia completa entre Louis Cattiaux y René Guénon, 1947-1950*, Barcelona, Obelisco, 2013, pp. 90-91.
[6] *Ibid.*

en el centro del paraíso, une el cielo y la tierra y en su medio habita la sabiduría, es decir, el fluir constante y armónico de todas las partes del microcosmos que componen las dos operaciones (o vías) alquímicas que conducen a la piedra filosofal. Por eso en otro versículo de *El Mensaje* se dice: «¿No están las dos vías sabiamente entremezcladas en él para formar el árbol de vida, en vez de ser profanamente separadas para hacer muletas muertas?» (*El Mensaje* 31, 30).

La locura y la visión

Emmanuel d'Hooghvorst contaba que, antes de su desaparición, Cattiaux repetía la siguiente sentencia que escribió cierto maestro sufí: «No pido más que un campo donde la locura pueda retozar libremente». Hablar de santos y sabios locos no deja de ser una propuesta para acceder a aquella realidad interior que, en el lenguaje tradicional, se calificaría de «divina». El siguiente versículo se refiere a esta realidad y la relaciona con una visión interior, un presentimiento que exhorta a ir más allá de una resignación ciega ante los espejismos del mundo exterior.

La locura de la sabiduría y de la santidad es no tomar ya en serio los espejismos del mundo; es aceptar los salivazos y dar las gracias porque lavan, y recibir los golpes con agradecimiento porque abren; es respetar el barro y clavetearse las sandalias con el oro; es sonreír frente al absurdo y enseñar a los demás a llorar por ello. Es presentir, más allá de toda razón, la libertad perfecta y el reposo absoluto en el seno luminoso del Único.

Soportar las injusticias, injurias y vejaciones personales no impide contestar a las que se hacen a los débiles y a los santos.

«El tentador y el tentado se reunirán un día en el que tienta, como el amante y la amada subsistirán finalmente en el Amén».

«Solo oímos el eco de tu voz, solo percibimos el reflejo de tu claridad, y henos aquí del todo aturdidos, cegados y sin fuerzas ante tu grandeza». (*El Mensaje* 13, 55)

En la locura de los hombres santos y sabios brilla la conciencia del *ser-Dios*; así se expresa en otro versículo: «La mayor inteligencia en sí mismo es como la mayor sabiduría en el mundo y como la mayor locura en Dios. La mayor inteligencia en Dios es como la mayor sabiduría en Dios y como la mayor locura en el mundo» (*El Mensaje* 38, 54).

El loco es aquel que vive y se comporta de manera distinta al hombre normal, pues su conducta está dictada por valores ajenos al mundo caído. Su universo físico y mental es ya el del *mundo-por-venir*; por eso, en muchas tradiciones, este loco es el médium que transmite las palabras divinas a los demás hombres, pues su ausencia de filtros mentales permite que el alma del mundo pueda expresarse a través de él.

«La locura de la sabiduría y de la santidad» constituye una locura de amor que sobrepasa la razón exterior y provoca un proceder insensato; leemos en otro versículo de *El Mensaje:* «Quien ama a Dios más allá de la razón humana hace brillar la inteligencia divina que ilumina los mundos y que hace brillar los corazones purificados» (*El Mensaje* 27, 47); el loco de amor no solo está poseído por «la inteligencia divina», sino que además le otorga existencia.

Al no tomar en serio los espejismos del mundo por saberlos absurdos, el loco de Dios invierte el orden aceptado a nivel social y, ¡qué imagen tan alquímica!, clavetea sus «sandalias con el oro». Este loco se da cuenta de que lo inferior, cubierto de barro y podredumbre, es lo que en realidad tiene valor: «Los pies de la humanidad aún están sanos, pero la cabeza está podrida y ciega. Así pues, hay que sembrar en lo que está abajo a fin de que lo que está arriba sea curado y renovado, como antiguamente lo que estaba abajo fue salvado y blanqueado por lo que brillaba arriba en la pureza» (*El Mensaje* 15, 23). En lo más bajo de la creación, en el lugar en el que germinan las raíces, se han ocultado los signos divinos de la creación.

En el hipógrafe del libro VI se lee una cita del maestro Kung-Tse en la que se dice: «Descuidar la raíz y cuidar las ramas es imposible». Emmanuel d'Hooghvorst se refiere a esta realidad al analizar la carta del tarot llamada *La Maison Dieu* y afirma:

> Los dos personajes, que podrían parecer haber sido precipitados de lo alto de la torre, son en realidad dos locos que bailan cabeza abajo como niños alegres. [...] Lo podremos interpretar diciendo que andan cabeza abajo para leer mejor los signos inscritos en esta tierra filosófica o santo Egipto. Uno es el maestro y el otro, el discípulo...[1]

El Mensaje Reencontrado está dedicado, precisamente, a la gloria de Dios y «al servicio de los hombres que lean con los ojos del espíritu y del corazón los signos inscritos en la carne del mundo». Los locos que bailan cabeza abajo pueden interpretar estos «signos inscritos en la carne del mundo»; en efecto, ellos son capaces de «presentir

---

[1] E. d'Hooghvorst, *El hilo de Penélope I, op. cit.,* p. 234.

más allá de toda razón, la libertad perfecta y el reposo absoluto en el seno luminoso del Único», pues los signos inscritos en el mundo describen la realidad del Único. «Presentir», es decir, sentir antes de percibir propiamente, se define en el *Diccionario de la Real Academia de la Lengua Española* como sigue: «Intuir o tener la impresión de que algo va a suceder». La naturaleza de esta intuición o impresión resulta fundamental en la búsqueda espiritual, puesto que apunta directamente a la naturaleza del *sensorium* del que habla Karl von Eckartshausen (1752-1803) en *La nube sobre el santuario*. Por medio del *sensorium*, el hombre loco según el mundo es capaz de presentir el santuario divino que se esconde detrás de la nube de la realidad temporal, como si se tratara de la maravillosa isla de Ávalon. La primera carta de *La nube sobre el santuario* comienza así:

> El ojo del hombre de los sentidos no es apto en absoluto para alcanzar la base absoluta de todo lo que es verdadero y trascendental. De la misma manera, la razón, que ahora queremos elevar al trono legislador, solo es la razón de los sentidos, cuya luz difiere de la luz trascendental, como la fosforescencia del árbol podrido difiere del esplendor del sol. La verdad absoluta no existe para el hombre de los sentidos, solo existe para el hombre interior y espiritual, el cual posee un *sensorium* propio, o, dicho más claramente, posee un sentido interior para percibir la verdad absoluta del mundo trascendental, un sentido espiritual que percibe los objetos espirituales tan natural y objetivamente como el sentido exterior percibe los objetos exteriores.[2]

Este *sensorium*, o sentido interior del hombre espiritual, se refiere, según explica el autor, al reino de Dios, pues, como se advierte en las Escrituras, hay que tener ojos para ver... La realidad sutil requiere de su *sensorium*, que está cerrado para la mayoría de los hombres, por lo que Eckartshausen concluye de este modo:

> En la apertura de este *sensorium* espiritual está el misterio del Hombre nuevo, el misterio de la Regeneración y de la unión más íntima del hombre con Dios; este es el fin más elevado de la religión aquí abajo, de esta religión cuyo fin más sublime es unir a los hombres con Dios, en Espíritu y en Verdad.

---

2   K. von Eckartshausen, *La nube sobre el santuario*, Barcelona, Obelisco, 1992, pp. 23-25.

El *sensorium* no solo sería un órgano de percepción, sino también un emisor, es decir: aquello con lo cual es posible ver y tocar a Dios también sería el lugar donde se alberga Dios en el hombre. Según la opinión de Henry Corbin, en este órgano espiritual es donde reside el misterio último de la obra alquímica, pues el *sensorium*, en palabras de Eckartshausen, o la *imaginatio vera*, en palabras de Corbin, es a la vez: «el órgano y el fruto de su propio hierurgia». Y Corbin, además, añade algo que nos parece fundamental: «debe producir el cuerpo transfigurado de la Resurrección, al que la alquimia china llama "cuerpo de diamante". El alumbramiento y la perennización del cuerpo espiritual psíquico es el nacimiento del hombre pneumático».[3]

El versículo que hemos visto al comienzo acaba con las siguientes palabras: «Solo oímos el eco de tu voz, solo percibimos el reflejo de tu claridad, y henos aquí del todo estupefactos, cegados y sin fuerzas ante tu grandeza», que se refieren al presentimiento de una completitud en la nueva creación que ha de venir, pues cuando aparece el hombre nuevo, el presentimiento se convierte en la experiencia de «la libertad perfecta y el reposo absoluto en el seno luminoso del Único».

«La locura de la sabiduría y de la santidad» también alude a la adquisición de una nueva visión, como se refleja en el siguiente versículo: «Por su visión desnuda y por su desapego inhumano, el santo es un motivo de escándalo para los que permanecen sometidos a las apariencias y entregados a los lazos de este mundo» (*El Mensaje* 14, 41).

En todas las tradiciones se enseña que existe otra realidad, además de la que perciben nuestros sentidos exteriores, que es perceptible por medio de una visión interior. Victoria Cirlot, que tanto ha estudiado los procesos visionarios en los místicos medievales y en el arte actual, escribe lo siguiente acerca de este sentido tan inusual:

> De entre todos los sentidos, la visión puede ser elegida como la forma superior de conocimiento. Se trata entonces de un sentido espiritual, sobre el que desde Orígenes se disertó largamente en la Edad Media. Los sentidos espirituales fueron concebidos como dobles interiores de los físicos, y así los ojos físicos correspondían a los ojos interiores, los de la mente, o los del corazón, según las

---

3 H. Corbin, *El hombre y su ángel*, Barcelona, Destino, 1983, p. 44.

expresiones más habituales, y del mismo modo los órganos dedicados a la audición, olfato, tacto y gusto. Gracias al fenómeno de la sinestesia, los sentidos espirituales se combinan e intercambian, de forma que «se puede oír una luz» o «un resplandor se puede tocar», y en esta transgresión del ámbito propio de cada uno de los sentidos, la visión constituye el sentido que, de un modo más general, puede integrar a todos los demás. «Ver», por tanto, equivale a «conocer».[4]

En otra tradición completamente alejada y distinta, la tradición hindú, y, más en concreto, en el pensamiento de Shankara, al que nos hemos referido con anterioridad, aparece también la separación de las dos visiones, la ordinaria y la trascendental, siendo la primera, además de un órgano de conocimiento, eterna e iluminativa, tal como explica Òscar Pujol en el siguiente fragmento:

> La visión ordinaria es la externa, la de los ojos. La visión trascendental es la interna, la de luz de la conciencia interior que ilumina y percibe esa visión externa. La visión externa capta los objetos, pero hay una visión interna que los ve. La visión externa es impermanente y depende de factores materiales. Una enfermedad, por ejemplo, puede privar temporalmente de la vista. La visión interna es eterna y nunca se apaga. Por eso, si a una persona le arrancan los ojos continúa viendo imágenes en sus sueños.[5]

La visión ordinaria sería la visión de la mente, mientras que la visión interna o trascendental sería la visión de la conciencia. La visión de la mente es la que captura los objetos externos y crea representaciones mentales de esos objetos, que son contemplados por la visión interna. La visión externa depende de una serie de procesos psicofísicos y es, por tanto, una visión material. «La visión de la conciencia —explica Pujol— es la que contempla el mismo acto de ver y la que es consciente de ver un objeto determinado, es la que contempla la visión».[6] La visión ordinaria depende del estado de los objetos exteriores y, por lo tanto, no es permanente. La visión trascendental, en cambio, no es una acción, sino que, como escribe Pujol, constituye:

---

4 V. Cirlot, *Vida y visiones de Hildegard von Bingen*, Madrid, Siruela, 2009, p. 287.
5 O. Pujol, *La ilusión fecunda, op. cit.*, p. 170.
6 *Ibid.*

la naturaleza misma del *atman*, su luminosidad intrínseca, como la luz o el calor no son acciones del fuego, sino su misma esencia. Esta luminosidad del *atman* no es como la llama del fuego que necesita de combustible. El *atman* está siempre encendido y su visión no precisa ni de la mente ni de los objetos de los sentidos. En consecuencia, esta visión trascendental es el mismo *atman* que brilla por sí mismo.[7]

En la tradición occidental, el *atman* correspondería a la realidad divina, al *sí-mismo-de-Dios-y-el-hombre*. En el versículo de la izquierda encontramos la siguiente —y sorprendente— afirmación: «El tentador y el tentado se reunirán un día en el que tienta, como el amante y la amada subsistirán finalmente en el Amén», un enunciado que se llena se sentido cuando entendemos la correspondencia entre el órgano de visión y el objeto visionado. En el mundo exterior, serían «el tentador y el tentado», mientras que, en la trascendencia, se convertirían en «el amante y la amada» unidos finalmente en el Amén.

---

7   *Ibid.*, pp. 171-172.

La resurrección

En la edición póstuma y completa de *El Mensaje Reencontrado* de 1956, cada capítulo o libro comienza y termina con dos citas extraídas de los grandes maestros de la humanidad, desde la tradición zoroástrica a la mística medieval, desde Hermes a los Vedas o el Corán, etc. Con estas citas escogidas a modo de versículos, Cattiaux deseaba afirmar el único y eterno mensaje que se transmite en los libros santos y sabios de todas las tradiciones y que constituye la base de la filosofía hermética.

El libro quince, por ejemplo, se abre con dos citas: una de Jonás y otra coránica, que se refieren al misterio de la resurrección de los muertos:

> *Los cerrojos de la tierra estaban echados sobre mí para siempre, y habéis hecho subir de nuevo mi vida de la fosa,* IEVÉ *mi Dios* (Jon).

> *Cuando los hombres resuciten, la tierra se volverá blanca, unida y pura* (Corán).

El fragmento del Corán correspondería a la sura 14, que dice: «El día que la tierra sea sustituida por otra tierra y los cielos por otros cielos, que comparezcan ante Alá, el Uno, el Invicto», mientras que la cita, tal como figura en la obra de Cattiaux, proviene de los comentarios de Gelaleddin, que aparecen en una nota en las primeras traducciones francesas del Corán.[1]

Más que la literalidad, lo interesante aquí reside en la relación entre las dos citas: una apelando al juicio individual y la otra al devenir del cielo y la tierra. Parece evidente que la cita del Corán no se refiere a la tierra exterior, sino a la tierra edénica, aquella que conocen los alquimistas y que es la misma con la que Dios conformó a Adán; una tierra que primero es oscura y después, tras una purificación, es «blanca, unida y pura».

El paso de la oscuridad a la blancura sería un modo de aludir a la resurrección de los muertos. La palabra «resurrección» proviene del

---

[1] C.-E. Savary, *Le Coran, traduit de l'arabe, accompagné de notes, précédé d'un abrégé de la vie de Mahomet, tiré des écrivains orientaux les plus estimés*, París, Dufour, 1782-1783, p. 269.

latín *resurrectio*, y esta de *resurrectus*, el participio de *resurgĕre* («volver a levantarse»). *Resurgĕre* está compuesto por el prefijo *re-* («repetición», «intensificación») y *surgĕre* («surgir»). El resucitado es el que vuelve a surgir de la tierra, de una nueva tierra, «blanca, unida y pura», por eso puede comparecer ante Dios y conocer al «Uno, el Invicto». En esencia, la etimología latina no difiere de la palabra utilizada en árabe, *qiyâma*, que significa literalmente «levantarse», «erguirse».

Ante unos conceptos como el de «resurrección» o el de «inmortalidad», parece interesante la relación con otro versículo de *El Mensaje* que trata de una realidad que quizá necesitaría de un replanteamiento; el versículo es el siguiente: «Contrariamente a lo que piensa mucha gente, los verdaderos realistas son los creyentes que buscan la vida sustancial y esencial que no perece, mientras que los delirantes abstractos son los que se apegan a la materia perecedera» (*El Mensaje* 22, 14).

El hombre del siglo XXI, sobre todo en Occidente, se apega a lo perecedero y se vanagloria de su desinterés por los mundos sutiles, con lo que se priva del conocimiento de «la vida sustancial y esencial», ya sea en la conciencia de la vida después de la muerte, ya sea en la resurrección de los cuerpos. Parece urgente, pues, despertar a los distintos niveles de realidad que conforman la completitud del universo y que los antiguos tenían tan en cuenta, porque, si se es incapaz de contemplar o de tener en cuenta la vida en espíritu, ¿cómo se podría siquiera imaginar la «vida sustancial y esencial que no perece»?, y ¿cómo se podría adivinar el contenido de los textos que hablan de resurrección? En *El Mensaje* se pone de manifiesto que «nuestra fe es como el perfume y como el recuerdo del invisible mar del mundo, donde reposa el Perfecto» (*El Mensaje* 11, 50). La fe es como un recuerdo que existe antes del nacimiento y que se mantiene después de la muerte, cuando el espíritu retorna al mar astral donde, según se afirma en el versículo, reposa el Perfecto. Para el cristianismo, la salvación y la resurrección provienen de la fe en Jesucristo como Dios; por eso en *El Mensaje* se puede leer que «muchos espíritus débiles se paran en la muerte del Señor y no conciben claramente su resurrección gloriosa. Son sinceros, pero también son siniestros en extremo. Debemos seguir al Señor más allá de la muerte sobre la cruz del mundo, hasta la resurrección gloriosa y hasta la coronación celeste. ¿Está claro?» (*El Mensaje* 25, 19).

En la actualidad, resulta usual cuestionarse la idea de la vida después de la muerte, si bien sucedía lo mismo en la época de Jesús; recordemos este pasaje evangélico: «Entonces respondieron unos de los escribas y de los fariseos, diciendo: "Maestro, querríamos ver de ti señal". Pero Él respondió: "La generación perversa y adúltera demanda señal; mas señal no le será dada, sino la señal del profeta Jonás"» (Mt 12,38-40). Esta señal se refiere a la resurrección, que prefigura la de Jesucristo, pues como se explica en el Evangelio: «Porque como estuvo Jonás en el vientre de la ballena tres días y tres noches, así estará el Hijo del Hombre tres días y tres noches en el corazón de la tierra» (Mt 12,40).

Durante una tormenta acaecida en su huida a Tarsis para no tener que predicar en Nínive, tal y como se lo había ordenado el Señor, Jonás fue lanzado al mar por los marineros y despertó en el vientre de una ballena:

> Me echaste en lo profundo, en medio de los mares [...]. Las aguas me rodearon hasta el alma, me rodeó el abismo. Las algas se enredaron en mi cabeza. Descendí a los cimientos de los montes —y continúa el texto del libro de Jonás—: Los cerrojos de la tierra estaban echados sobre mí para siempre, y habéis hecho subir de nuevo mi vida de la fosa, IEVÉ mi Dios. (Jon 2,6)

El final, precisamente, es el fragmento que escogió Cattiaux para *El Mensaje*. La relación entre el episodio de Jonás en el vientre de la ballena, y la resurrección, se ha repetido a lo largo de la historia de la cristiandad. La estancia en el vientre del animal simboliza el paso de Jesucristo por los infiernos antes de la resurrección. Se trata de un tema que forma parte de los doce iconos que configuran el ciclo litúrgico anual. Dicho icono se conoce con el nombre de *Anástasis*, que significa «enderezamiento», «ponerse de pie», y, de aquí, «resurrección». Por eso, el icono que representa la bajada de Cristo a los infiernos se halla entre el de la crucifixión y el de la asunción.

En la *Biblia pauperum* o «Biblia de los pobres» de la tradición medieval occidental, se relaciona el entierro de Jesús con el episodio bíblico de José, tirado al pozo por sus hermanos, y el de Jonás en el vientre de la ballena. Con ello se explica el primer paso del misterio de la *anástasis*. La salida del pozo, de la tumba o de la ballena son imágenes del misterio de la muerte y de la resurrección, pues, como se enseñaba en los antiguos rituales mistéricos, primero es necesario sembrar el grano de vida en la tierra oscura para que, después, pueda germinar y brotar a la luz en la nueva realidad.

Estos misterios son la base de los textos revelados de las religiones abrahámicas y también de los ritos y epopeyas de las antiguas civilizaciones clásicas, como señala Emmanuel d'Hooghvorst en su estudio sobre la *Odisea*:

> ¿Se ignora acaso que la *Ilíada* y la *Odisea* eran la Biblia de los griegos? ¿El código de su saber y de su verdad? ¿Acaso esta Biblia contenía solo historias sin fundamento? ¿A quién se conseguiría convencer de ello? ¿Habrían atravesado milenios estos poemas solo para venir a contarnos historias infantiles? Contemporáneo de aquellos egipcios hieráticos, cuya civilización entera tendía hacia el misterio de la regeneración, cien años después de Hiram y Salomón, ¿el autor de la *Odisea* no tenía que decir más que futilidades? [...]. La poesía homérica es un himno a esta radiante humanidad, cuyos hombres formaban con los dioses una comunidad de vida y pensamiento que se encaminaba hacia la apoteosis del héroe divinizado. ¿Acaso no es este el objeto de la tradición que nos viene de nuestro padre antiguo?[2]

Louis Cattiaux pintó una extraña tela que representa el tema de Jonás y la ballena y que puede explicarse gracias a un comentario oral de Emmanuel d'Hooghvorst. La pintura muestra un paisaje en cuyo centro aparece la ballena atrapada en la playa y un sol enorme que surge en el horizonte, detrás de unas montañas; este sol evocaría la resurrección del profeta, que se producirá cuando se observen unas señales: «la tierra se volverá blanca, unida y pura».

La imagen del sol que se levanta, como la vida que surge de la muerte, es un símbolo de renacimiento universal. En la *Aurora consurgens*, un pequeño tratado ilustrado en el que el autor hilvana las citas bíblicas con las operaciones alquímicas, se dice lo siguiente: «La aurora es como "hora de oro"; así esta ciencia [la alquimia] posee una hora cuyo fin es dorado para quienes operan según la vía recta»,[3] y más adelante se añade: «La aurora es llamada final de la noche y principio del día o madre del sol. Así, en su extrema rojez, nuestra aurora es el fin de toda tiniebla y la huida de la noche».

La aurora o la salida del sol constituye otro modo de expresar la *anástasis* después del paso por lo más terrible, es decir, por las tinieblas o la muerte. Por eso no es extraño que en esta obra se relacione la aurora con la resurrección. Citando un fragmento de un alquimista más antiguo, seguramente árabe, conocido como Senior

---

2 E. d'Hooghvorst, *El hilo de Penélope I*, op. cit., p. 24.
3 Citado en R. Arola, *La cábala y la alquimia en la tradición...*, op. cit., p. 164.

La resurrección

Zadith: «Existe una sola cosa que jamás muere, pues persevera en un perpetuo aumento cuando el cuerpo ha sido glorificado después de la resurrección de los muertos en el último día: la fe da testimonio de la resurrección de la carne y de la vida eterna después de la muerte».[4] Esta cita alquímica une a las dos de *El Mensaje*, la bíblica y la coránica, ya que ambas se refieren al mismo misterio.

11. Louis Cattiaux, «La ballena de Jonás», óleo sobre cartón, c. 1943 (colección particular, Bélgica).

4 *Ibid.*, p. 165.

El agua y el fuego

Algunos versículos de *El Mensaje* son profundamente apocalípticos, en el sentido de que apuntan a una revelación final en la que se manifestará aquello que hasta entonces había permanecido oculto. El siguiente versículo responde a este modelo. Fue escrito después de la segunda gran guerra y en él se alude a acontecimientos que tuvieron lugar en aquel momento.

«¡Oh, crueldad!». Nos hemos apartado de los sencillos y de los pobres, y estos incluso han olvidado el Nombre de Dios. Hemos rechazado a los sabios y a los santos, y nuestra ciencia y nuestra fe se han volatilizado en discursos razonables. Hemos izado las banderas de las naciones sobre la casa de Dios mientras los pueblos se degollaban, y llevamos orgullosamente las condecoraciones del homicidio. Consideremos de dónde viene el aviso: de un hombre desconocido pero amado, de un pobre pero colmado, de un laico pero religado.

El Libro de la altura y de la profundidad es lo que nos unirá en un solo cuerpo ante el Perfecto, pues un resto de cada fe y de cada creencia se reconocerá en Dios y se fusionará en el amor por el acercamiento a la única raíz, y el hombre del agua y del fuego será nuestro guía y nuestro salvador, pues la vía de Dios, que es la suya, también será la nuestra en aquel día.

Entonces el antiguo tocón reflorecerá secretamente y manifestará su fruto santo en un mundo reconciliado. (*El Mensaje* 15, 25)

En la primera parte se alude a la deriva del hombre profano, a su dispersión y absurdidad; en la segunda, a lo contrario, esto es, a la unidad del hombre con Dios. La primera parte es una denuncia; la segunda, una propuesta.

Cuando en este versículo se dice «hemos izado las banderas de las naciones sobre la casa de Dios», se alude a unos acontecimientos concretos que tuvieron lugar después de la liberación de París. En aquel momento, en Notre Dame se izaron las banderas de los aliados, que ganaron la guerra. El versículo se refiere, pues, al mundo y a su poder, denunciados por «un hombre desconocido pero amado, un pobre pero colmado, un laico pero religado». En el de la derecha, en cambio, se alude a la profecía. Ya no es un hombre, sino el Libro.

La actualidad del hermetismo

El «Libro de la altura y de la profundidad», es decir, el libro del cielo y de la tierra será el centro coagulador de un cuerpo nuevo, unificado, que, según se explica en el versículo, se erguirá cara a cara ante el Perfecto o ante su naturaleza Perfecta.[1] Se dice que «un resto de cada fe y de cada creencia se reconocerá en Dios», es decir, las distintas formas religiosas se encontrarán en su núcleo más secreto, más hermético, en el más amplio sentido de la palabra, que ya no pertenece a una manifestación espiritual en concreto, o a un tiempo, o a un lugar, sino que es común a todas ellas, pues: «Las contradicciones aparentes de los libros santos solo existen para los que no conocen la unidad del único Señor...» (*El Mensaje* 22, 53). El Señor es la única raíz de la que surgen las diferentes ramas o las distintas creencias que, al final, se fusionarán «en el amor por el acercamiento» a Él. El versículo habla del final de toda secta y de la unión de los iniciados, una idea que está en la base de las sociedades secretas: la fraternidad universal de los hermanos perfectos.

En varias tradiciones aparece esta propuesta; un buen ejemplo sería el cristianismo, con su búsqueda de la tercera edad o el Reino del Espíritu Santo, la culminación del Reino del Padre y del Hijo. *El Mensaje* también se refiere a ello: «El Único nos ha enviado la letra del Padre grabada en la piedra de Israel. Después, nos ha enviado la palabra del Hijo predicada en todo Occidente. Ahora, nos envía el pensamiento del Espíritu que va a cubrir el mundo entero», y luego se añade: «¿No es la misma y única revelación desde el comienzo hasta el fin?» (*El Mensaje* 28, 38). La concepción de las tres edades como una única realidad fue definida por Gioacchino da Fiore en la Edad Media (1135-1202), y después ha tenido múltiples reinterpretaciones, como explicó de manera magistral Henry de Lubac en la obra que dedicó a este tema.[2]

Los seguidores de Paracelso, en especial aquellos que originaron el movimiento rosacruz de principios del siglo XVII, gestaron un supuesto extraordinario en relación con estos tres reinos, puesto que, en vez de hablar del Espíritu Santo o de Jesucristo como el núcleo o la raíz que debía reunir los restos de cada fe y cada creencia, se refirieron a la piedra filosofal como el centro de todos los universos, el símbolo

---

[1] Véase H. Corbin, *El hombre de luz en el sufismo iranio*, Madrid, Siruela, 2000.

[2] Véase H. de Lubac, *La posteridad espiritual de Joaquín de Fiore*, Madrid, Encuentro, 2011.

de la regeneración conocida por los sabios de todas las tradiciones, tanto orientales como occidentales.

Como ya hemos mencionado en la presentación, Michael Maier escribió en 1617 su obra *Symbola aureae mensae duodecim nationum*, en la que, de manera figurada, reunía alrededor de una misma mesa a varios alquimistas representantes de doce naciones, desde Hermes Trismegisto hasta Sendivogius, pasando por María la Judía, Demócrito, Moriano, Avicena, Alberto el Grande, Arnau de Vilanova, Tomás de Aquino, Ramon Llull, Roger Bacon y Melchor de Sibius. Cristianos, infieles y paganos comparten la misma comida áurica. Será el ecumenismo el que, como propone el versículo de *El Mensaje*, consiga que los seres humanos se unan en «un solo cuerpo ante el Perfecto».

«El hombre del agua y del fuego», que se convertirá en el guía y el salvador, es el ser humano completo en quien los opuestos se unen, el *hombre-Dios*. Como aparece explicado en el siguiente versículo: «Quien apacigüe el mar del mundo descansará en el núcleo vivo del oro puro. ¡Oh esplendor! ¡Oh milagro del agua y el fuego unidos en Uno!» (*El Mensaje* 8, 13). El «milagro del agua y el fuego unidos» es también la Gran Obra alquímica, siempre relacionada con Hermes Trismegisto. En una de sus cartas, Louis Cattiaux asocia la tradición universal o hermetismo con el cristianismo y escribe lo siguiente:

> La antigua sabiduría y la revelación de Jesucristo son una misma y única cosa; por eso te mencioné como de pasada a Cristo-Hermes. [...]: Piensa, pues, que todos los auténticos hijos de Dios estarán con él y que basta uno de ellos para manifestarlo claramente en el mundo. Esto solo ocurrirá en última instancia, cuando todo parezca perdido para todos a fuerza de orgullo, desorden y exterminación imbécil. Elías-Artista es el Cristo triunfante en todos los hijos de Dios reunidos para el juicio del fin de los tiempos.[3]

El hecho de imaginar una fraternidad universal sin un eje o un centro capaz de congregar las distintas formas religiosas representa una utopía, pues la fraternidad de todos los seres humanos solo puede darse a partir del «hombre del agua y del fuego» o, lo que es lo mismo, de Cristo-Hermes. Él es la vía de Dios y sus adeptos siguen su estela en el *mundo-por-venir*, que aparece cuando «el

---

[3] L. Cattiaux, *Florilegio epistolar...*, op. cit., pp. 58-59.

antiguo tocón» florece de nuevo y manifiesta el «fruto santo» en un mundo reconciliado.

En el versículo, en todas las escrituras, se habla de un acontecimiento interior, pero una compresión exterior y profana ha dado lugar a todo tipo de arbitrariedades y malentendidos en relación con la idea de una fraternidad universal. Siempre sucede lo mismo cuando se quiere aplicar exotéricamente un acontecimiento esotérico.

Emmanuel d'Hooghvorst se refirió con otras palabras al «Libro de la altura y de la profundidad», y explicó cómo el alma del mundo, «el Libro de la altura», tiene que descender al infierno mineral para liberar la simiente del oro que se encuentra allí enterrada, otro modo de referirse al «Libro de la profundidad». Estas son sus palabras:

> Ciertamente, el alma del mundo no es otra cosa que el famoso disolvente quymico *[sic]* que tantos buscadores se empeñan vanamente en inventar. Es la sustancia misma del oro... es el famoso secreto ancestral, el fundamento de la obra, que disuelve el oro vil tan simple y suavemente como el hielo se funde poco a poco en agua templada. ¿Quién podría creer que una sencilla moneda de oro pueda ser disuelta por el alma del mundo? Sin embargo, este es el primer secreto de la filosofía, una locura para la mayoría y una maravillosa revelación para algunos en el transcurso de los siglos.[4]

En un lenguaje teológico, «el Libro de la altura y de la profundidad» sería el libro de la salvación inspirado por el Dios viviente, es decir, que se refiere a todos los libros santos y sabios. Pero, para penetrar en el auténtico significado de estos libros se necesita la ayuda del cielo, o del Espíritu Santo, tal como explica el siguiente versículo: «Los que se han establecido en la letra ciega y sorda de las Escrituras reveladas ya no pueden recibir nada de la profundidad y de la altura, pues su orgullo les impide aceptar nada del Espíritu Santo que enseña a los corazones humildes y abiertos» (*El Mensaje* 40, 8).

En efecto, el «Libro de la altura y de la profundidad» es el lugar del encuentro entre la tierra y el cielo, o, lo que es lo mismo, entre Dios y el hombre, y por eso es también el sitio donde germina y madura el buen fruto, el oro de los filósofos. Hacia el final de *El Mensaje* se puede leer: «¿No hemos dado un fruto maravilloso como un buen

---

4   E. d'Hooghvorst, *El hilo de Penélope I, op. cit.,* p. 84.

árbol plantado por el Señor en la tierra de exilio? Los que coman de este fruto volverán al paraíso de Dios...» (*El Mensaje* 34, 70-71).

Nos hemos referido al fruto como la piedra de los filósofos o el oro puro y vivo; en otro sentido, el teológico, el fruto también sería la palabra que aparece cuando el árbol de la vida reverdece en el mundo. Entonces, la raíz adámica, el antiguo tocón «reflorece en secreto y manifiesta su fruto santo en un mundo reconciliado». Difícilmente podría describirse mejor el reino del Espíritu Santo.

La soledad y el consuelo

A lo largo de toda su vida, el autor de *El Mensaje* recibió el desprecio y el rechazo del mundo, pero, a pesar de ello y de la soledad espiritual que sufrió hasta casi el final de sus días, continuó su obra sin desfallecer, pues su consuelo estaba solo en Dios. En uno de los versículos de *El Mensaje* se refiere así a esta experiencia:

> Los religiosos y los impíos nos ignoran, los sabios y los ignorantes nos desprecian, los inteligentes y los estúpidos se burlan de nosotros, los trabajadores y los libertinos nos rechazan. Incluso es superfluo si un amigo nos reconoce, pues nuestro consuelo está solo en Dios.
>
> No se puede convertir a un hipócrita, un impío, un malvado o un extraviado poniendo su mal en evidencia y reprochándoselo con vehemencia, pero se le puede mejorar cultivando el bien que ha permanecido en él, alentándolo y amándolo tal como es, por desfigurado que esté.
>
> ¿No es necesario lavar una gran cantidad de tierra para descubrir una pequeña esmeralda?
>
> (*El Mensaje* 17, 15)

La profundidad de la propuesta del primer versículo se centra en la idea de que el hombre está solo con Dios, puesto que está solo consigo mismo. Encontrar el consuelo en Dios comporta penetrar en la soledad del hombre interior: allí es donde la vida pura se manifiesta y de donde surge *El Mensaje*. Recordemos que el término griego *parákletos* se traduce por «consolador», y que san Juan lo usa cuando reproduce las siguientes palabras de Jesucristo: «Rogaré al Padre, y Él os dará otro Consolador, para que esté con vosotros para siempre» (Jn 14,16). Tradicionalmente, dicha figura se ha relacionado con el Espíritu Santo.

Buscar la compañía y aprobación en el mundo exterior es engañoso, puesto que depende de infinidad de contingencias y, en el fondo, se trata de una huida que esconde el miedo a nosotros mismos, a ser quienes somos, lo que no debe confundirse con lo que se entiende por «personalidad», que, igualmente, es exterior, sino con el conocimiento del *ser-en-Dios*, la auténtica esencia de la persona. En su obra *Física y metafísica de la pintura,* Louis Cattiaux trata sobre este tema en relación con la obra artística y distingue entre ambas: a la primera la denomina «originalidad opuesta a la auténtica personalidad»:

> La originalidad a ultranza siempre es resultado de una falta de oficio o de una tara del espíritu [...]. La personalidad, por el contrario, solo puede aparecer en la obra de arte por el equilibrio de todos sus componentes, lo que exige universalidad de espíritu y perfección técnica. [...] La originalidad es una carencia, la personalidad es una realización.[1]

En *El Mensaje* se afirma lo siguiente: «Solo somos realmente hermanos en Dios, ya que es el único lugar donde no hay separación, ni oscuridad, ni muerte» (*El Mensaje* 14, 33), y con ello se pone de relieve el sentido original de las antiguas fraternidades. También los miembros de las órdenes monásticas se tienen por hermanas y hermanos, pues al ordenarse nacen de nuevo en Dios, a quien reconocen como el padre que es. La teoría que fundamenta estas órdenes se refiera a la reunión de los perfectos, es decir, la reunión de aquellos cuyo «consuelo está solo en Dios». Hablamos de los perfectos (*teleioi,* en griego), en el mismo sentido empleado por el profesor Norbert Hugedé, cuando escribe lo siguiente:

> el término *teleios,* «perfecto», se utiliza en la lengua griega de forma muy especial y no tiene mucha relación con la indicación de una cualidad moral. Es un término del lenguaje técnico-filosófico-religioso, utilizado para determinar a aquel que ya no tiene nada más que aprender, que ha alcanzado la plena madurez y la completa iniciación, por oposición al profano, al niño, al hombre de la calle que, si bien posee todas las virtudes, no está al corriente de los secretos que están reservados a un número muy reducido de privilegiados. La obra de Pablo es un testimonio constante de este uso.[2]

Las frases del versículo de *El Mensaje* son extraordinarias al referirse tanto a los religiosos como a los impíos, tanto a los sabios como a los ignorantes, tanto a los inteligentes como a los estúpidos, tanto

---

1 L. Cattiaux, *Física y metafísica..., op. cit.,* p. 48.
2 N. Hugedé, *Le sacerdoce du fils,* París, Fischbacher, 1983, p. 66.

a los trabajadores como a los libertinos. No importan los extremos pues los perfectos se sitúan aparte del conjunto delimitado por dichos extremos. El siguiente texto es de Jean-Marie d'Ansembourg, y en él se concreta el significado de los perfectos en relación con los antiguos misterios:

> En repetidas ocasiones Pablo habla de los niños que se deben convertir en adultos maduros, en perfectos *(teleioi)*; asimismo, en las iniciaciones antiguas o en las religiones de Misterios, el que acababa de ser recibido era comparable a un niño... que, gracias a unos grados ascendentes, tenía que progresar hacia la perfección o la maestría.³

Este término, *teleioi,* está preñado de significados, uno de los cuales remite a los cátaros, los puros, que, al igual que sucedía en los misterios paganos, aspiraban a convertirse en perfectos. Según los escasos documentos que han llegado hasta nosotros, los perfectos recibían un sacramento llamado *consolamentum*, «el consuelo», que sería una réplica del bautismo de fuego anunciado por el maestro y que daría cumplimiento a su promesa de enviar al *parákletos*, el «Consolador», para el establecimiento del reino del Espíritu Santo. En un documento cátaro conocido como *Ritual occitano* se explica lo siguiente:

> Este santo bautismo por el que el Espíritu Santo era dado, ha sido mantenido por la Iglesia de Dios desde los Apóstoles hasta nuestros días, y se transmitió de «hombres-buenos» *[perfectos]* en «hombres-buenos» hasta aquí, y lo hará hasta el final del mundo. Y debéis comprender qué poder le fue dado a la Iglesia de Dios para atar y desatar, para perdonar los pecados y para retenerlos, como dice Cristo en el evangelio de san Juan: «Como el Padre me ha enviado, del mismo modo yo os mando». Cuando acabó de decir estas cosas, sopló sobre ellos y les dijo: «Recibid el Espíritu Santo; a aquellos que les perdonéis los pecados les serán perdonados y aquellos que se los retengáis, les serán retenidos» (Jn 20,21-23).⁴

El ser humano puede beneficiarse del *consolamentum*, es decir, puede participar de la presencia del Espíritu Santo, en tanto se

---

3 *La Puerta. Sobre esoterismo cristiano*, Barcelona, Obelisco, 1990, p. 21.
4 Citado en *Documentos cátaros*, Sevilla, Muñoz Moya, 1989, p. 154.

cultive el «bien que ha permanecido en él, alentándolo y amándolo tal como es, por desfigurado que esté». Despertar y cultivar el bien que permanece oculto en cada ser constituye un aspecto común de la mística de cualquier tradición, como, por ejemplo, la sufí y, en particular, la desarrollada por Ibn 'Arabi en relación con el *Deus absconditus,* el «Tesoro oculto», que aspira a revelarse, a ser conocido. Al respecto, Henry Corbin escribe: «Esta revelación arrastra consigo una situación dramática en la que se encuentran implicados simultáneamente el Ser divino y el ser en el cual, y por el cual Él se revela, pues Dios no puede mirar a otro que a sí mismo, ni ser mirado por otro que él mismo».[5] Dios consuela aquello que es de su misma naturaleza y de este consuelo nacen los perfectos, o *awliya,* los «amigos» de Dios. Ellos son los que pueden ayudar a los demás seres humanos a cultivar el bien que permanece velado en su interior.

Al final del versículo se insiste en este tema desde otro aspecto: «¿No es necesario lavar una gran cantidad de tierra para descubrir una pequeña esmeralda?», lo que, a nuestro entender, significa que para desvelar el bien que está oculto en el interior del ser humano, primero es necesario eliminar las cortezas que cubren dicho tesoro, una operación que en alquimia se conoce como la «disolución». Que en *El Mensaje* se hable de la esmeralda nos remite de nuevo a la tradición musulmana a la que se refiere Henry Corbin en el libro citado con anterioridad. Se trata de una enseñanza sufí que describe el viaje hacia la luz original donde se halla el polo del mundo por medio del cual el hombre exterior reconoce al hombre interior, su naturaleza perfecta. El viaje comienza con la salida del lugar en el que el ser humano permanece prisionero de la oscuridad; escribe Corbin:

> La salida del pozo, la ascensión que lleva a la Roca de esmeralda, hacia el ángel Naturaleza Perfecta, comienza en las tinieblas de la noche. El viaje está marcado por peripecias que representan los estados y los peligros del alma en el curso de esta prueba iniciática. En las proximidades de la cima, resplandece con su brillo *el sol de medianoche,* imagen primordial de la luz interior.[6]

---

5   H. Corbin, *El hombre de luz...*, *op. cit.,* pp. 68-69.
6   *Ibid.*, p. 60.

La soledad y el consuelo

La roca de esmeralda está oculta en medio de la noche y cubierta bajo una «gran cantidad de tierra»; en ella se encuentra el inicio y el final del camino que conduce a la perfección.

En Occidente también se menciona esta piedra, como aparece, por ejemplo, en la versión alemana de la leyenda del grial de Wolfram von Eschenbach, quien, según Victoria Cirlot, concedió a la pregunta planteada por el mito del grial «la respuesta más rotunda y más moderna».[7] En efecto, en su relato no se habla de un vaso o de una copa, como en el original de Chrétien de Troyes, sino de una piedra de esmeralda que alimenta a quienes la poseen. Von Eschenbach describe los efectos de dicha piedra en relación con los templarios que, según él, la guardan:

> Unos valientes caballeros moran en el castillo de Montsalvatge, donde se guarda el Grial. Estos son los templarios, quienes, a menudo, cabalgan lejos en busca de aventuras [...]. En este castillo reside una tropa de altivos guerreros. Quiero deciros con qué se sustentan: todo lo que les sirve de alimento les viene de una piedra preciosa que, en su esencia, es toda pureza. Si no la conocéis, os diré su nombre: se la llama *lapsit exillis*.[8]

En otro versículo de *El Mensaje* se explica lo siguiente: «La esmeralda terrestre presagia el diamante lunar y el rubí solar» (*El Mensaje* 8, 29). Aquí la esmeralda, el diamante y el rubí marcan los pasos hacia la perfección de aquel cuyo «consuelo está solo en Dios» y que, a cambio, recibe los dones del Consolador.

---

7   V. Cirlot, *Luces del grial*, Barcelona, Alpha Decay, 2018, p. 22.
8   Véase P. Ponsoye, *El islam y el grial*, Palma de Mallorca, José J. de Olañeta, 1984. Citado por C. del Tilo, *El libro de Adán..., op. cit.,* p. 139. Según Carlos del Tilo, este nombre podría ser la contracción de *lapis lapsus ex coelis*, «la piedra caída del cielo». Y aquí habría que recordar que también era una esmeralda la piedra que, según la leyenda, Lucifer llevaba en la frente cuando fue expulsado del cielo y que se cayó mientras atravesaba los bosques de la tierra.

La magia

Pico della Mirandola no dudó en referirse, en sus *Conclusiones,* a la magia para distinguir entre la magia filosófica y la vulgar, denigrando esta última y exaltando en cambio la primera, hasta el punto de escribir que: «Hacer magia no es otra cosa que casar los mundos». En *El Mensaje* aparece una sola vez este concepto y es en el siguiente versículo donde se recoge el legado de uno de los aspectos más básicos y olvidados de la tradición judeocristiana:

> Cuando la mala palabra y el mal golpe han salido, ¿quién podrá retenerlos y quién podrá borrarlos luego?
>
> El santo Nombre del Señor es una magia todopoderosa en la boca del que cree y ama verdaderamente. (*El Mensaje* 17, 23)

Durante la Edad Media, y también en el Renacimiento, se discutió mucho acerca del valor de la magia, si es que tenía alguno, y qué relación podía tener con las Sagradas Escrituras. Se intentó discernir entre la magia y la hechicería o la brujería, pues lo importante era saber si la primera podía ser inspirada por Jesucristo o no. Tiempo después, el tema dejó de tener interés, se consideró superado y se abandonó la discusión hasta hoy, cuando en *El Mensaje* se lee lo siguiente: «Ahora pregonamos lo que antiguamente se susurraba al oído, porque toda prudencia se ha vuelto inútil. La ignorancia de los hombres en lo que concierne a las cosas santas y sabias, ¿no ha llegado al colmo?» (*El Mensaje* 25, 36).

Así, en el «colmo de la ignorancia» respecto de la realidad espiritual cabe preguntarse acerca del significado de la afirmación que aparece en el versículo: «El santo Nombre del Señor es una magia todopoderosa». En la actualidad, la magia del nombre se nos antoja una cuestión en apariencia inútil y, por eso, lo que los maestros susurraban al oído de sus discípulos antiguamente ya puede pregonarse, puesto que nadie o casi nadie va a entender su significado. Tampoco se conocen las consecuencias de la magia vulgar, que las tiene, pues, como se añade en el versículo, una vez pronunciada «la mala palabra» o una vez dado «el mal golpe», ya no hay marcha atrás.

Otro versículo se refiere al nombre de Dios y a la ignorancia del hombre común respecto de este misterio: «Ningún ignorante podría blasfemar el Nombre de Dios, pues nadie lo conoce salvo aquel que vive ya la eternidad» (*El Mensaje* 13, 10). Antiguamente, el sumo sacerdote de Israel pronunciaba el santo nombre de Dios en el interior del sanctasanctórum una vez al año. Sucedía durante la festividad del *Yom Kippur,* cuando, mediante «una magia todopoderosa», los pecados del pueblo de Israel quedaban anulados. Pero desde que se destruyó el templo, no se ha podido pronunciar de nuevo el nombre santo. Con ello se da a entender que este solo puede enunciarse cuando existe un templo, el cual, a nivel simbólico, es el hombre regenerado. Como ocurre en todas las tradiciones, del misterio que se esconde en el nombre de Dios perduran solo algunas reminiscencias rituales.

Hay que insistir en la necesidad de separar la magia de los sabios que conocen el secreto del nombre, de la magia vulgar. En pleno Renacimiento, Pico della Mirandola establecía las bases de su reflexión distinguiendo con claridad entre la magia falsa y la verdadera. Así aparece en las *Conclusiones mágicas según propia opinión,* donde escribió lo siguiente:

> Toda la magia que se usa entre los modernos y que con razón persigue la Iglesia, no tiene base alguna, ningún fundamento, ninguna verdad, porque está en manos de enemigos de la primera verdad, de las potestades de estas tinieblas, que infunden las tinieblas de la falsedad a los intelectos mal dispuestos. La magia natural es lícita y no está prohibida y de esta ciencia que tiene fundamentos teóricos universales, pongo aquí las conclusiones infraescritas según mi propia opinión.[1]

Para este autor, la magia, como toda realidad sagrada, tiene un anverso y un reverso: por un lado, pertenece a la sabiduría divina, mientras que, por el otro, está poseída por sus enemigos. Con el transcurso del tiempo, el primer sentido se borró de la memoria de los pueblos y, a consecuencia de ello, se quedaron atrapados en el sentido inverso y solo subsistirían los restos exteriores, es decir, las supersticiones. Aproximadamente un siglo después de las palabras de Pico, un físico llamado Franz Kieser, autor de la *Chymica, Concordantia Chymica. Azoth Philosoph. Solificatum,* comenzó a considerar la magia diabólica

---

[1] G. Pico della Mirandola, *Conclusiones mágicas...*, op. cit., p. 71.

totalmente condenable, mientras que con respecto a la otra magia escribiría lo siguiente:

> es aprobada y aceptada por los sabios e inteligentes, de cualquier nación y de cualquier pueblo, que se deleitan con los misterios divinos y celestes de toda naturaleza y gozan examinándolos. Ella es la filosofía suprema y muy santa de la cual brotaron desde la más antigua experiencia, la gloria, el honor y la magnificencia de todas las artes elevadas; su búsqueda incitó a Pitágoras, Demócrito, Platón y a muchos otros más a realizar largos viajes por tierra y por mar. A su regreso, propagaron esta sabiduría, y de ella sacaron sus arcanos y tuvieron razón de mantenerla en el más alto secreto.[2]

Quizá la intención del autor del versículo de *El Mensaje* fuera recuperar el sentido divino de la magia que se perdió en el siglo XVII, cuando, fuera del tipo que fuera, fue tachada de satánica, por no hablar de los siglos posteriores, durante los cuales su influencia quedó relegada a espectáculos de charlatanes y prestidigitadores.

El nombre, que en este versículo se define como «una magia todopoderosa», aparece en otro versículo del libro con un sentido muy parecido y quizá más preciso: «El santo Nombre de Dios es una realidad viva y palpable que lo puede todo. Es un misterio que muy pocos han conocido o conocerán» (*El Mensaje* 18, 65). La magia, tal como la entendieron Pico, Kieser o tantos otros, sería la llave de la profecía, puesto que el profeta es quien conoce el nombre del Señor y, con él, el misterio de la encarnación divina.

El profeta no es el Mesías, pero lo anuncia y lo da a conocer, como hizo san Juan con Jesucristo junto al río Jordán. La encarnación mesiánica se produjo una vez en Jesús de Nazaret, pero puede volver a suceder y de ello da fe *El Mensaje*: «El nuevo Adán, verdadero hijo de Dios que vino, viene y vendrá, separa de nuevo la luz de las tinieblas por humildad, amor y obediencia a la ley del Único» (*El Mensaje* 12, 34). Y no solo *El Mensaje*, sino que el propio san Pablo afirma lo mismo cuando anima a sus hermanos a que aspiren al don de la profecía (1 Cor 14,1-5). E. d'Hooghvorst se fundamentaba en estas palabras para escribir lo siguiente: «El ejercicio de la misión profética debe proseguirse mientras dure la cristiandad, es decir,

---

2   Citado en R. Arola, *La cábala y la alquimia en la tradición...*, *op. cit.*, p. 78.

hasta el fin de los tiempos, ¿no designa a este don como la realización cristiana más perfecta?».[3]

Conocer el nombre de Dios es conocer el poder de la encarnación divina, ya que, no en vano, la palabra encarna el misterio del pensamiento corporificado. En uno de sus escritos, D'Hooghvorst se refirió a este misterio como sigue: «Este Nombre inefable e inaudito para los mortales es el que da la existencia y la vida a todas las cosas. Es el que mata, pero también el que lo renueva todo cuando canta la nueva primavera de la Resurrección».[4] Sin embargo, este nombre, tal como se señala en el versículo, solo es una magia todopoderosa «en la boca del que cree y ama verdaderamente». La última frase es fundamental, puesto que quien «cree y ama» es el único que posee el poder para pronunciar el nombre. El hombre exterior no tiene la potencia ni la pureza para proferirlo, y aquí habría que recordar el ritual egipcio de la apertura de la boca que se celebraba en las necrópolis egipcias y al que E. d'Hooghvorst aludió a menudo:

> Egipto era una tierra de médicos, de magos y de misterios. En él se recoge el oro del Nilo, el santísimo río, cuyo manantial brota en el cielo. [...] Dichas artes mágicas permitían al hombre atar o desatar la voluntad de los dioses, así como mantener cautivo su poder. Hacer bajar la magia de los mundos y fijarla en su lugar, también es la obra de la cábala quymica *[sic]*.[5]

La magia todopoderosa solo la puede practicar aquel que es capaz de pronunciar la palabra, el Nombre, con su boca; por eso, en el *Libro de los muertos de los antiguos egipcios* encontramos varias fórmulas que se refieren al ritual de la apertura de la boca para que el muerto Osiris pueda hablar; el título del capítulo XXII del papiro de Turín es «Fórmula mediante la cual es restituida la boca a una persona en la necrópolis», y en él se lee: «Salud a ti, Osiris, señor de la luz, responsable de la Gran Morada, en medio de las tinieblas y de la oscuridad. Yo he venido a ti como un Espíritu glorioso y purificado... Dale a él *[sic]* su boca de manera que pueda hablar con ella y guiar a

---

3   E. d'Hooghvorst, «El Mensaje profético de Louis Cattiaux», en R. Arola, *Creer lo increíble..., op. cit.*, p. 83.
4   *Ibid.*, p. 91.
5   E. d'Hooghvorst, *El hilo de Penélope I, op. cit.*, pp. 27-28.

La magia

su corazón en su hora de tiniebla y de oscuridad».[6] En el capítulo siguiente se encuentra otra fórmula muy similar:

> Que mi boca sea abierta por Ptah y que Amón, dios de mi ciudad, destape los obstáculos de mi boca desde cuando salí del vientre de mi madre. Venga a él *[sic]* Tot provisto de sus Palabras Mágicas y Atum destape los obstáculos colocados por Set, que ha venido contra mí *[sic]*... Mi boca es la de Osiris, jefe del Occidente; yo soy Orión, grande en medio de las Almas de Heliópolis.[7]

En el texto precedente, una vez cumplidos todos los ritos, la boca del muerto se compara con la de Osiris, el dios que muere y resucita. La pronunciación del nombre tiene que ver con la muerte iniciática y la posterior resurrección, y Emmanuel d'Hooghvorst se refirió a ello al relacionar estos hechos con el sonido metálico de las trompetas de los ángeles en el día del Juicio Final: «¡Uno se despierta de un sueño necio con este sonido vivo tan esperado, un soplo de dulzura, una buena palabra oída por los muertos!».[8]

El profeta conoce cómo se gesta y cómo madura la palabra que languidece, como el muerto Osiris en su tumba, en el interior del ser humano. Después de esta maduración, los nombres divinos se revelan a él y entonces puede afirmar: «Estos Nombres divinos se escriben, se deletrean, se nombran y se cantan para dar las formas y para deshacerlas; es un secreto que Dios solo confía a los renunciados que prefieren morir antes que matar» (*El Mensaje* 29, 41). Esta sería la «magia todopoderosa» de la que se habla en el versículo en la «boca del que cree y ama verdaderamente».

---

6   B. de Rachewiltz, *Libro de los muertos de los antiguos egipcios: papiro de Turín*, Barcelona, Destino, 1989, p. 65.
7   *Ibid.*, p. 66.
8   E. d'Hooghvorst, *El hilo de Penélope I, op. cit.*, p. 243.

Las escrituras santas

En la tradición hebrea se dice que, en origen, la Torá era un continuo de letras sin ninguna separación entre ellas, ni tampoco ninguna puntuación. El propio Abraham Abulafia se refiere a ello en *Otzar Eden Ganuz*. Por eso era tan importante la tradición oral, ya que gracias a ella se mantenía el recuerdo de la correcta lectura original. El siguiente versículo se refiere a la Escritura y a las enseñanzas que contiene:

> Si quisiéramos desarrollar sistemáticamente la enseñanza de las Escrituras santas, nos daríamos cuenta finalmente de que toda la creación es como la prodigiosa biblioteca del verbo encarnado. La inteligencia nos ha sido dada para que la cabalguemos y para que sirva para nuestra liberación y no para que nos aplaste y nos encadene en este mundo mezclado. (*El Mensaje* 18, 8)

«Si quisiéramos desarrollar», la traducción literal de este verbo, que en el original francés aparece como *développer*, sería «desenvolver». *Développer* significa, pues, quitar la envoltura, es decir, eliminar las cortezas exteriores para contemplar la interioridad. Por desarrollar «sistemáticamente las Escrituras santas» podría entenderse también el hecho de encontrar el orden correcto de lectura, ya que, según se cuenta en una leyenda de la tradición judía, uno de los efectos de la caída fue que las hojas del libro en las que se explicaba la creación se desordenaron y, debido a ello, resulta tan difícil penetrar después en el auténtico sentido de los libros sagrados. El ser humano es incapaz de recuperar el orden original y necesita una ayuda, ya sea mediante un don del cielo, ya sea mediante un maestro. Se comprende, pues, que en el versículo se diga que «toda la creación es como la prodigiosa biblioteca del verbo encarnado», puesto que Él, «el verbo encarnado», es, propiamente, la creación. Todas las palabras de las Escrituras se refieren a Él y todos los libros santos lo describen. Encontramos numerosos ejemplos tradicionales al respecto, como el que aparece en una de los *Upanishads*.

El primer *khanda* del *Upanishad Mundaka* podría entenderse como una dilucidación paralela al versículo de *El Mensaje*, pues describe «toda la creación» como las partes de la unidad del *Purusa* o la Persona creadora; dice así:

> La cabeza de este cuerpo es el fuego, y sus ojos el sol y la luna; sus oídos, las regiones del cielo, y los Vedas sagrados, su habla. Su respiración es el viento que sopla, y todo este universo es su corazón. Esta tierra es su escabel. Él es el Espíritu que está en todas las cosas.[1]

El texto continúa describiendo la creación a partir de este Espíritu-Cuerpo supremo, y dice que de él nacieron los ritos, los sacrificios y las ofrendas de animales, los hombres, los genios, el ganado, los pájaros, el arroz y las virtudes. De él surgieron los mares y todas las montañas; de él brotaron los ríos de la tierra y, de él, todas las hierbas y todos los elementos de la tierra. Lo que en *El Mensaje* se resume como «toda la creación» sería el desarrollo del *Purusa* como cuerpo del supremo Espíritu.

En el *Bhagavatgita* se describe la misma realidad metafísica que aparece en el *Upanishad Mundaka;* se trata de un diálogo entre Krisna y Arjuna, en el que el dios se muestra como sigue:

> La radiante luz del sol, el claro de luna o la lumbre del fuego son mi propia luz, que ilumina el universo entero. Soy la tierra fértil que sostiene a las criaturas y la savia que alimenta y nutre plantas y árboles. Soy el ardor de la digestión y el aliento de la respiración, y mediante estos consumo las cuatro clases de alimentos. Habito en el corazón de cada una de las criaturas; en mí tienen su origen la razón, la memoria y el entendimiento. A través de las escrituras soy conocido; soy el hacedor del vedanta y el conocedor del veda.[2]

Ambos textos, el *Upanishad Mundaka* y el *Bhagavadgita,* coinciden en que los Vedas o «escrituras santas» forman parte del *Purusa* o «Persona original». En el *Upanishad,* los Vedas son el habla de la Persona primordial; en el *Bhagavadgita,* el Espíritu Supremo es el autor de los Vedas y quien los conoce. En esta misma obra, Krisna utiliza la siguiente imagen para representar las Escrituras: «Dicen que hay un árbol eterno con las raíces en el cielo y cuyas ramas crecen hacia abajo. Sus hojas son los cantos védicos. Quien lo conoce, conoce el Veda»[3]. Y continúa Krisna: «Los hombres no pueden ver el árbol

---

[1] Citado en J. Mascaró, *Els Upanishads*, Palma de Mallorca, Moll, 2005, p. 105.
[2] *Bhagavad-gita*, Vilaür, Atalanta, 2015, p. 118.
[3] *Ibid.*, p. 117.

completo, no saben dónde empieza ni dónde acaba».[4] Los hombres viven en la ignorancia, no conocen la completitud del árbol, o de las Escrituras, por lo que el canto de Krisna supone una invitación al conocimiento que debe estar precedido por la recuperación de la primitiva conciencia.

Para recuperar el conocimiento original, y en eso coinciden todas las tradiciones espirituales, es imprescindible una renuncia a la ciencia exterior. En el siguiente versículo de *El Mensaje* se advierte con respecto a ello: «Si deseamos acceder al conocimiento y a la posesión de la revelación de Dios, esculpiremos con cuidado la instrucción del mundo» (*El Mensaje* 32, 45), mientras que en el *Bhagavadgita* se dice lo mismo de este modo:

> Cuando se ha cortado el tronco, profundamente arraigado, con el hacha afilada del desprendimiento, hay que buscar ese lugar singular del que no se retorna y volver a la conciencia original, la semilla de la que brotó ese antiguo impulso vegetal. A esa morada imperecedera arriban los que se han liberado del orgullo y la confusión, los que, firmes en la conciencia de sí, se han liberado de la ilusión del mundo, de la inclinación a la dicha y de la huida de la miseria. [Y se añade:] solo aquellos que disponen del ojo del discernimiento entienden esto, mientras que los necios [asidos a un ego ilusorio] creen ser ellos los que experimentan la vida sensible.[5]

El sabio que posee el discernimiento es quien puede «desarrollar sistemáticamente la enseñanza de las Escrituras santas» y, al hacerlo, se percata de que toda la creación es «la prodigiosa biblioteca del verbo encarnado», es decir, el Señor. En el *Bhagavadgita* se explica este misterio a partir de los dos principios en los que divide el mundo, el perecedero y el imperecedero. El primero se refiere a todas las criaturas; el segundo es denominado «el inmutable», pero hay otro más elevado que es el *atman* supremo, es decir, el Señor eterno que sostiene todos los mundos:

> Por trascender lo perecedero y lo imperecedero, el Veda y el mundo me proclaman el *purusa* [persona] supremo. Oh Bhárata, aquel que, libre de error, me reconoce como espíritu supremo, se entrega a mí por entero y sabe todo lo que hay que saber. Queda así enunciada,

4 *Ibid.*
5 *Ibid.*

noble príncipe, la más secreta de las doctrinas. Comprendiéndola se cumple el destino y uno se despierta.[6]

En 1785, cuando se publicó la primera traducción del *Bhagavadgita* a un idioma occidental, su autor, sir Charles Wilkins, un orientalista afincado en la ciudad santa de Benarés, explicaba en su introducción que encontró cierta unidad monoteísta en la obra, pues Krisna se presentaba como siendo el mismo Dios, lo que, en la tradición cristiana, y también en *El Mensaje*, equivaldría al «verbo encarnado», o el Señor.

Como se explica en el *Bhagavadgita*, no puede existir conocimiento si previamente no ha habido una separación de lo que es ilusorio o perecedero y una contemplación de aquello que no es ilusorio ni vano, es decir, imperecedero. Esta contemplación es una experiencia iniciática que da paso a una realidad por completo diferente, separada del mundo exterior. Emmanuel d'Hooghvorst se refirió a dicha contemplación en relación con el misterio de la alquimia y escribió: «A través del cristal de su atanor [...], el discípulo del Arte contempla maravillado el único tesoro de la vida, y dicha contemplación se desarrollará poco a poco en su espíritu y en su corazón como el suntuoso poema de esta Naturaleza entera, que se muestra a él».[7]

Para contemplar «la imagen del Señor» se necesita alcanzar cierto lugar —llamado «morada imperecedera» en el *Bhagavadgita*—, al que se llega con la ayuda del cielo. Se trata, pues, de un don y no de un mérito. Este don sería el de la inteligencia, de la que se habla en el versículo que hemos visto al principio, donde se dice: «la inteligencia que nos ha sido dada»; en otro lugar de *El Mensaje* se expresa la misma idea, quizá de manera más extensa: «La inteligencia de los libros santos será otorgada a los hijos de Dios según la capacidad de su amor por él» (*El Mensaje* 7, 62). La comprensión de los libros santos es un don que no depende de las capacidades especulativas de cada cual, sino de la posibilidad de contemplar el objeto del conocimiento.

«El Libro donde Dios ha escrito su secreto —se lee en otro aforismo de *El Mensaje*— es el cielo y la tierra. Por esto, el hombre santo y sabio estudia la ciencia del Señor en la paz del jardín de Edén» (*El Mensaje* 10, 64). Los hombres santos y sabios estudian

---

6 *Ibid.*, p. 118.
7 E. d'Hooghvorst, *El hilo de Penélope I, op. cit.*, p. 112.

las Escrituras, pues en ellas está escrita la ciencia del Señor, y lo hacen en «la paz del jardín del Edén», lo que supone que han alcanzado un *lugar-otro* en el que se funden la identidad del hombre y la de Dios en el *ser-Dios*; por eso, ellos solos pueden desarrollar «sistemáticamente la enseñanza de las Escrituras santas», ya que en ellos se ha recobrado el orden original.

La vida oculta

La vida oculta es interior, secreta y no pertenece a un tiempo y un espacio. Es la base de la filosofía perenne y, por consiguiente, el núcleo de toda religión o de cualquier manifestación filosófica de la realidad. La vida oculta —que no debe confundirse con el ocultismo— no está sujeta a las contingencias del mundo; un versículo de *El Mensaje* se refiere a ella en los siguientes términos:

> Cuando hayamos alcanzado la perennidad de la vida oculta, lo soportaremos todo en silencio y asistiremos a las catástrofes del absurdo sonriendo.
>
> Seremos iluminados por lo que no habremos inventado y seremos salvados por lo que no habremos hecho. (Palabra extraña para los inteligentes y para los sabios de este mundo).
> (*El Mensaje* 18, 52)

La vida oculta se manifiesta o reposa, pero no comienza ni acaba, es eterna; tal como se dice en otro versículo: «Así, la vida oculta no tiene comienzo ni final» (*El Mensaje* 7, 34). Al hombre exterior no le es posible comprender el *no-tiempo* y el *no-espacio* de la perennidad oculta. Las coordenadas espaciotemporales son su grandeza y su infortunio; son su grandeza, pues esta materialidad le procura un lugar en el que puede habitar la conciencia, pero también son su infortunio, pues dicha conciencia es parcial y está abocada a la exterioridad y, por eso, se halla separada de la vida oculta. En otro versículo se recomienda lo siguiente: «Intentemos adquirir el desapego de las formas temporales a fin de alcanzar el conocimiento de dentro, que nos hará gozar plenamente de la vida oculta» (*El Mensaje* 13, 27).

Por medio de la gracia —es decir, «de lo que no habremos inventado»— la conciencia se encuentra con la vida oculta, y el yo personal de cada individuo se involucra con una realidad que ya no es este yo, sino el *sí-mismo*, lo propio de la vida oculta; entonces los dos juntos (la gracia y el *sí-mismo*) forman la creación divina. Los inteligentes y sabios de este mundo —se explica en *El Mensaje*— no pueden comprender que lo propio del ser creado es dejar hacer, ya que este *dejar-hacer* lo ilumina (por la gracia celeste) y lo salva (por el amor terrestre).

En el versículo que acabamos de citar, y que comienza: «Intentemos adquirir el desapego de las formas temporales», se enseña que, incluso habitando «en las formas temporales», podemos desapegarnos de ellas de manera que no nos impidan penetrar en el gozo de lo perenne. «La vida oculta» es «el conocimiento de dentro», la *interioridad,* entendida como aquello nuclear y puro que no está contaminado por la caída.

Los prerrománticos y los románticos de finales del siglo XVIII se refirieron ampliamente a esta interioridad, pues se hallaba en la base de su pensamiento; lo que veían no eran las cosas, sino «un vivo tesoro que flota sobre los abismos de la noche», según escribió Novalis.[1] Ellos no fueron los únicos que buscaron «la perennidad de la vida oculta», pero, desde entonces y como reacción al naturalismo positivista, en Occidente no han dejado de aparecer doctrinas centradas en la vida oculta. Desde la teosofía a la psicología de las profundidades, desde el ocultismo a la simbología, etc., se ha buscado el lugar común de todas las religiones intentando definirlo.

El resultado ha sido equívoco y quizá algo decepcionante si se tiene en cuenta que la *Philosophia perenne* y el interés por la vida oculta que se planteó en el Renacimiento tenía un objetivo indiscutible: certificar la divinidad de Cristo.[2] Y ello mediante credos religiosos no cristianos a los que tuvo acceso la cristiandad latina por primera vez en aquella época. El núcleo de su búsqueda consistió en validar su cristiandad, cosa que poco tiene que ver con las ideas contemporáneas de una *Philosophia perenne* más cercana a cierta religión natural que al misterio de la encarnación.

Un ejemplo de ello apareció en 1888, cuando madame Blavatsky escribió en *La doctrina secreta* —así llamaba a la filosofía perenne— que todas las tradiciones: la hindú, la zoroastriana, la caldea, la egipcia, la budista, la islámica, la judía o la cristiana eran fragmentos incompletos de una única verdad que no acababa de definir y respecto a la que afirmaba: «La Doctrina Secreta es la esencia de todas ellas». En 1945, Aldous Huxley escribió un libro titulado *The Perennial Philosophy*, en el que calificaba dicha filosofía como «metafísica, psicología y ética», y explicaba que: «Pueden hallarse rudimentos de la Filosofía Perenne en las tradiciones de

---

1   Citado en A. Pau, *Novalis. La nostalgia de lo invisible*, Madrid, Trotta, 2010, p. 158.
2   G. Pico della Mirandola, *Conclusiones mágicas y cabalísticas, op. cit.,* pp. 83ss.

La vida oculta

los pueblos primitivos en todas las regiones del mundo, y en sus formas plenamente desarrolladas tiene su lugar en cada una de las religiones superiores».[3]

Podrían multiplicarse las citas parecidas, pero lo que está claro es que en ninguna aparece la misma voluntad que animaba a los filósofos renacentistas, antes al contrario, los escritos posteriores parecen esforzarse en esconder la sabiduría crística en relación con «la perennidad de la vida oculta». El problema no es tanto el disimulo del espíritu cristiano, cuanto el alejamiento del fundamento de las religiones, que, como se afirma en *El Mensaje,* constituye el misterio del espíritu encarnado: «Las santas Escrituras están completas desde su comienzo, y cada nuevo libro revelado no hace más que confirmarlas sin añadir ni suprimir nada al misterio del espíritu encarnado, que constituye su fundamento sagrado» (*El Mensaje* 20, 2).

En una carta, Cattiaux se refería a la obra de Huxley con las siguientes palabras: «A. Huxley en *La filosofía eterna* solo vio la experiencia mística, al igual que todos aquellos que buscan el espíritu y desdeñan el cuerpo. Cree sinceramente haber dado la vuelta entera al problema como hacen todos los cristianos actuales».[4] Para Cattiaux, «la perennidad» se basaba en la búsqueda del «fundamento sagrado» de cada religión y con ello actualizó la filosofía de los sabios renacentistas. Hay algo absurdo y falso en el enmascaramiento de la revelación primordial en pos de una universalidad. El ocultismo representa un buen ejemplo. A principios del siglo XX se vivió un auge de las prácticas espiritistas, con las que se quería penetrar en los mundos ocultos mediante viajes astrales con la intención de participar de «la vida oculta», entendida como aquello no religioso; sin embargo, estas prácticas solo tienen sentido si sirven para llevarnos hasta la piedra de fundamento, puesto que, sin ella, el mundo oculto es una damnación y solo conduce a la dispersión y confusión de los espíritus. En el *no-tiempo* y el *no-espacio* de los viajes astrales todo es frío y tinieblas.

En la misma carta, Cattiaux aporta una nueva visión del fundamento sagrado de las religiones y explica lo siguiente:

> Basta con que medites y estudies las religiones antiguas y comprenderás lo que representaba Cristo y su pasión, más allá de

---

3   A. Huxley, *La filosofía perenne*, Barcelona, Edhasa, 2010, p. 9.
4   L. Cattiaux, *Florilegio epistolar...*, *op. cit.*, p. 94.

las apariencias humanas e históricas a las que todos permanecen apegados como moscas sobre papel engomado... Es absolutamente preciso que trasciendas a Cristo en Dios... la vía concreta es la vía de la encarnación de Dios, ¡es la posesión física de Dios obtenida por tan pocos en este mundo! Es la vía de los sabios.[5]

En el lenguaje alquímico, «la vida oculta» es como la *prima materia* que aún no está especificada. Es tierna y virginal. Aprehenderla supone la primera parte de la operación alquímica. Es necesario que nuestra conciencia espaciotemporal siga el dictado de la inspiración de la gracia, o, lo que es lo mismo: hay que dejar que la «vida oculta» pueda manifestarse en la realidad física, aunque no se trate de una física exterior o caída, sino de una física pura.

Paracelso, en su libro *La filosofía sutil*, diferencia estas dos físicas: entre un cuerpo hecho de la carne y la sangre de Adán, que no entrará en el reino de Dios, y otro al que «Dios le ha dado otra sangre a fin de que en un mismo cuerpo sea carne y sangre [...] que es el Hijo».[6] Y para validar su explicación, Paracelso cita a san Juan cuando afirma: «Nada sube al cielo que no haya descendido del cielo» (Jn 3,13).

El siguiente versículo de *El Mensaje* se refiere a que solo lo que baja del cielo puede manifestar la vida oculta: «Solo la gracia divina hace florecer nuestra vida oculta y solo el amor del Señor la fija en la eternidad» (*El Mensaje* 7, 64). Si esto ocurre, «lo soportaremos todo en silencio y asistiremos a las catástrofes del absurdo sonriendo», es decir, cuando la conciencia ya no sea solo el resultado de un existir exterior, sino del encuentro con la inspiración divina.

Por eso resulta perverso creer que por medio del esfuerzo, la ascesis o la inteligencia, el ser humano podrá separarse de la mugre del mundo exterior, pues el dolor y el desgarro nunca dejarán de estar presentes: «Seremos iluminados por lo que no habremos inventado y seremos salvados por lo que no habremos hecho». En la «vida oculta» poco cuenta la voluntad, que pertenece a la realidad exterior, y solo se contempla la verdad que albergue el corazón del hombre. El versículo con el que hemos comenzado termina con una frase entre paréntesis: «(Palabra extraña para los inteligentes y para

---

5   *Ibid.*, p. 93.
6   Citado por E. d'Hooghvorst, *El hilo de Penélope II. Antología alquímica*, Tarragona, Arola, 2006, p. 81.

los sabios de este mundo)». Para alcanzar el don se necesita una conversión, una *metanoia,* a la que se refieren los testimonios de los sabios: «¡Oh, Preciosísimo!, danos la inteligencia de las sentencias misteriosas enunciadas por los sabios de tu casa y haz florecer nuestra vida oculta» (*El Mensaje* 21, 11).

El despertar

En *El Mensaje* se advierte de que el libro no se dirige a la inteligencia, ni a la voluntad, ni a la razón del hombre, sino a su intuición, a su amor y a su memoria profunda. Por esta razón, lo que las palabras de los sabios pueden llegar a inducir en el corazón de los hombres es inconmensurable. En el siguiente versículo aparece la cita completa:

Si frecuentamos a los brutos, los malvados, los astutos o los impíos, nos volveremos como ellos. Razón de más, si frecuentamos a Dios y a sus verdaderos amigos, también seremos hechos a su imagen y saborearemos la bebida de vida pura.

El Libro habla a la intuición, al amor y a la memoria profunda, y no a la inteligencia, a la voluntad y a la razón superficial de los hombres. «Lo que dice el Libro es grande, pero lo que induce en cada uno de nosotros es inconmensurable». (*El Mensaje* 19, 3)

Que el bien sea inherente a «Dios y a sus verdaderos amigos» es una consecuencia de su ser intrínseco, no de una moral, al igual que «los malvados, los astutos y los impíos» son así, no porque hagan o dejen de hacer tal o cual cosa, sino a causa de su deseo más íntimo. Si no fuera así, se caería en el fariseísmo (en su sentido más exterior), con lo que bastaría con cumplir las normas y los mandamientos, sin tener en cuenta el deseo más íntimo de cada cual o su inclinación hacia Esaú o hacia Jacob.

El deseo de su corazón descubre el fundamento de cada hombre; por eso Emmanuel d'Hooghvorst escribió lo siguiente: «En todo hombre, según la tradición, existe como una cepa o un fundamento, su verdadera naturaleza adánica, de donde pueden haber salido Caín o Abel, Esaú o Jacob».[1] Frecuentar a «Dios y a sus verdaderos amigos» sería, en palabras de este mismo autor, encontrar «la generación de los Patriarcas o generación mesiánica, que triunfará al final de los tiempos».[2] Los ritos y lo símbolos externos, aun siendo

---

1 E. d'Hooghvorst, *El hilo de Penélope I, op. cit.*, p. 275.
2 *Ibid.*

importantes y teniendo una función, velan, en el sentido de que ocultan o disimulan, el deseo íntimo del corazón del hombre.

El Mensaje se dirige a quienes siguen, o desean seguir, la vía de Jacob, pues, como se afirma en el versículo, el libro habla a la intuición, no a la razón; al amor, no a la voluntad; a la memoria profunda, no a la razón superficial. Este, como todos los libros santos, tiene sentido en tanto que decanta el querer del corazón del ser humano hacia la vida mesiánica y sirve de guía para reconocer el camino que conduce hasta allí, una experiencia que en la tradición oriental se denomina el *despertar*.

El significado de esta expresión emerge a partir de las reflexiones del filósofo y maestro zen, Kitarō Nishida, cuando explica que: «El verdadero despertar religioso no es un conocimiento abstracto fundado en el pensamiento ni es un sentimiento ciego. En ese despertar comprendemos con todo nuestro ser la profunda unidad que está en la base del conocimiento y de la voluntad».[3] El despertar conlleva la unión con el fundamento del hombre. Utilizando el lenguaje filosófico occidental, Nishida denomina a esta unión «intuición intelectual», tal como aparece reflejado a continuación:

> Se trata de una clase de intuición intelectual, de un asir profundo de la vida. La espada de la lógica no puede penetrarla y el deseo no puede modificarla. Ese despertar es la base de toda verdad y de todo contento. Aunque sus formas varían, todas las religiones contienen en el fondo necesariamente esta intuición fundamental.[4]

Las reglas y los mandamientos, los símbolos y los ritos de las religiones nacen de la intuición fundamental de Nishida y deberían conducir hacia ella, nunca al revés. Así está escrito en *El Mensaje:*

> Las iglesias cargan a los creyentes hasta el absurdo y acaban por desanimar a los mejores y eliminar a los vivos a fuerza de reglamentaciones muertas y exigencias imbéciles. Los profetas descargan a los creyentes y liberan a los vivos en la gracia y en el amor de Dios. Es por esto que son odiados por los muertos instalados en la letra muerta. (*El Mensaje* 26, 21)

---

3   K. Nishida, *Indagación del bien, op. cit.,* p. 75.
4   *Ibid.*

Sin el despertar del ser profundo, el hombre carnal no puede dejar de seguir la vía de Esaú. La intuición solo surge cuando el hombre se acerca a la cepa de la vida mediante el cultivo de las enseñanzas santas y la ayuda de la gracia; entonces es cuando puede alcanzar la inocencia original. En esta inocencia, la vida aún no se ha mezclado con los intereses mundanos, por eso en ella no existe bien ni mal, ni deseo, ni lógica, y de ella es de donde parte la vía de Jacob. El devenir del hombre despierto es como un juego de niños, pues en él no cabe la malicia. Sin embargo, si no se conoce este lugar original, los hombres siguen de modo inevitable la vía siniestra.

«Un segundo de intuición —se dice en un versículo de *El Mensaje*— revela lo que mil años de trabajos no permiten entrever» (*El Mensaje* 3, 76). La etimología de la palabra «intuición» confirma el significado del versículo, ya que proviene del verbo latino *intueri* («tener la vista fija sobre algo», «fijarse en», «contemplar»), que está compuesto por *in-*, que indica dirección hacia el interior, y por el verbo *tueri* («contemplar», «observar», «mirar...»), por lo tanto su significado más genuino sería «mirar fijamente hacia el interior». A partir de aquí adquieren sentido las definiciones epistemológicas que describen la intuición como «el conocimiento directo e inmediato, sin intervención de la deducción o del razonamiento, siendo considerado como evidente», pues es un conocimiento que surge directamente desde el interior.

En el versículo se dice que «la intuición» va unida «al amor y a la memoria profunda», y todas estas cualidades equivalen a lo que santo Tomás de Aquino denominó «las potencias del alma»: memoria, entendimiento y voluntad. En este mundo, estas potencias propias del alma humana, en general, no actúan, es decir, de potencia no pasan al acto; sin embargo, en ellas está la decisión acerca de la dirección a seguir, esto es, la de Esaú o la de Jacob.

En un lenguaje no escolástico estas potencialidades se conocen como «la realidad interior». En el lenguaje alquímico, serían lo fijo en oposición a lo volátil, como se explica en otro versículo de *El Mensaje:* «El fuego reviste todas las formas, pero permanece fijo en su interior» (*El Mensaje* 2, 34). Así, la intuición, el amor y la memoria profunda se reconocen, una vez despiertas, en «todas las formas» de la creación. Estas potencias son comparables a una semilla que contiene las formas y las funciones de todo el árbol; de igual modo, en la intuición, en el amor y en la memoria profunda está escrita toda la historia sagrada, desde el Génesis al Apocalipsis; es *la memoria de las edades*; quizá por eso, el versículo de *El Mensaje* que estudiamos termine con la siguiente frase entrecomillada: «Lo que dice el Libro es grande, pero lo que induce en cada uno de nosotros es inconmensurable».

«La vía se basta a sí misma —se dice en otro versículo—, pues su olor es suave y su luz es persuasiva» (*El Mensaje* 25, 13). La vía es el camino de Dios en el hombre, la prueba de su existencia. Uno de los símbolos utilizados para representarla es el del árbol que, desde la semilla oculta en la tierra, se levanta y se manifiesta hasta dar sus frutos. En la tradición alquímica, se enseña que la obra es un proceso que comienza con una semilla llamada azufre y que acaba con un árbol frondoso que ofrece sus frutos dorados. En un libro de alquimia anónimo titulado *Instrucción de un padre a su hijo sobre el árbol solar* se explica así este proceso:

> El azufre metálico de los sabios es la primera materia de los metales y el oro vivo de los hijos de la sabiduría. Digo que es la verdadera materia a partir de la cual debe nacer el árbol solar, es la llave muy noble que abre y cierra las puertas de nuestra piedra, y es también la forma y el alma de la semilla metálica, del sol y de la luna; y después de haberla recogido los sabios suelen llamar a esta semilla «su materia».[5]

Emmanuel d'Hooghvorst escribió que el azufre alquímico, del que surge el árbol solar, cuando empieza a cocer desprende un olor particular; el olor de la Gran Obra también se halla en el ser humano y se relaciona con la «memoria profunda» de la que habla el versículo. Al contrario que la «razón superficial», que es inconsistente y vana, la «memoria profunda» es potente y trascendente; está oculta en cada ser y despierta al reconocer su propio perfume, un aroma que *El Mensaje* denomina «el perfume de Dios», como aparece en otro versículo: «Cada cosa queda impregnada por quien la ha poseído. Así pues, en cada hombre persiste el perfume de Dios» (*El Mensaje* 7, 49).

El libro se ofrece a los hombres para que estos puedan recuperar su estado original; por eso en él se afirma que «habla a la intuición, al amor y a la memoria profunda». En este caso, se trata de *El Mensaje,* pero podría ser cualquier libro escrito por uno de los «verdaderos amigos de Dios» bajo el influjo del Espíritu. Todos

---

5   E. d'Hooghvorst, *El hilo de Penélope* II..., *op. cit.,* p. 189.

ellos son el mismo libro y desprenden el mismo perfume. Este libro único se conoce como «el Libro de Adán», al que Carlos del Tilo dedicó un artículo que después dio título a un volumen en el que se estudian los secretos de la creación. Respecto del libro único, Del Tilo escribió lo siguiente:

> Se explica en el Zohar que Dios había entregado este libro a Adán en el jardín del Edén por medio del ángel Raziel. Mientras Adán permaneció en el Edén, lo conservó y lo estudió con mucha atención y devoción. Pero, cuando fue expulsado del jardín, a causa de su transgresión del mandamiento, el libro voló y desapareció. El hombre, desesperado, lo volvió a pedir —tal es el objeto de la búsqueda del hombre en este mundo— y, ante su insistencia, el Santo-bendito-sea permitió finalmente que el ángel Rafael se lo devolviera. Adán se puso de nuevo a leer el libro, y lo transmitió a su hijo Set, quien lo transmitió a la posterioridad. Es así como el libro de la regeneración llegó a Abraham, quien supo, al igual que Henoc, penetrar la gloria del Santo-bendito-sea.[6]

Dios está en el Libro, pero solo es comprendido por aquel que ha despertado la intuición, ama generosamente y se ha unido a su memoria profunda. Para él, Dios no es una idea, ni una invención, ni una utopía, sino la epifanía del *ser-Dios* entre los hombres.

---

6 C. del Tilo, *El libro de Adán...*, op. cit., p. 21.

La ocasión

En *El Mensaje* se alude al Señor bajo las cualidades del dios griego Apolo, al que se representaba imberbe y con los cabellos dorados debido a su identificación con el sol. Este dios hiperbóreo habita junto a la estrella polar y representa la edad de oro oculta tras la fría oscuridad septentrional. Este es el versículo al que nos referimos:

> Cuando hayamos asido al Señor por su cabellera dorada, cuando haya transfigurado nuestra miserable cabaña en palacio, cuando se haya convertido en nuestro compañero victorioso e indefectible, entonces bendeciremos con conocimiento de causa las Escrituras santas de todas las naciones y alabaremos a Dios y a su obra sin libros ni instructores.
>
> Es fácil amonestar a los pecadores, fustigar a los hipócritas y golpear a los impíos, pero es difícil convertirlos por el ejemplo y salvarlos por el amor cuando no se conoce visiblemente la unidad de la que han salido y a la que volverán.
>
> «Quien conoce el misterio de Dios ama naturalmente a su prójimo sin vacilación ni esfuerzo». (*El Mensaje* 19, 24)

«Asir al Señor por su cabellera dorada» podría aludir a la dificultad que supone alcanzarlo cuando, de manera esporádica, se manifiesta. Después de su manifestación desaparece entre las brumas boreales, allí donde ningún profano puede acceder. Quizá por eso se dice que *la ocasión la pintan calva*. Ocasión (en griego, *kairós*) es una divinidad representada con el pelo sobre el rostro y la nuca desnuda, como indicando que, cuando ha pasado, ya no se la puede retener.

El momento de su aparición es el tiempo justo o, para algunos, el tiempo divino. Así, *El Mensaje* se refiere al encuentro real del hombre con Dios. Si esto ocurre, el mundo caído se restaura y la cabaña en la que el hombre habita —y que se menciona en la continuación del versículo— se convierte en un palacio apolíneo. Emmanuel d'Hooghvorst sugería que la conversión de la «miserable cabaña en palacio» podría constituir una alusión al recipiente alquímico, al atanor donde se hace la obra y en el que, en este mundo, el filósofo alquimista puede contemplar la conjunción de las materias fijas y volátiles y observar el misterio de la creación pura.

Según explica este autor en un comentario a la *Odisea*, el alma del mundo (lo divino exterior al hombre), que en términos alquímicos sería lo volátil, desciende sobre el mundo mixto para liberar del oro que se encuentra allí enterrado (lo divino que está en el interior del hombre), lo fijo. Para refrendar sus explicaciones, D'Hooghvorst cita a varios alquimistas clásicos, como, por ejemplo, Jean Collesson, que en su obra titulada *L'idée parfaite de la Philosophie Hermétique* escribió lo siguiente en relación con el alma del mundo:

> Y con respecto a esta sustancia por la cual el oro y la plata son disueltos natural y filosóficamente, nadie debe imaginarse que sea otra cosa que el alma general del mundo extraída de los cuerpos superiores y atraída por los imanes y medios filosóficos, pero sobre todo de los rayos del Sol y de la Luna.[1]

Una vez en su lugar, en su palacio, el Señor de «cabellera dorada» se convierte en el «compañero victorioso e indefectible» del hombre, que puede entonces, como se dice en el final del versículo, bendecir «con conocimiento de causa las Escrituras santas de todas las naciones» y alabar «a Dios y a su obra sin libros ni instructores». La unidad de las tradiciones siempre debería suponer el final de la búsqueda y no un apriorismo privado de una base experimental, con lo que se evitaría cualquier fundamentalismo.

Quien posee el espíritu de un libro sagrado los comprende todos, por eso en *El Mensaje* también se dice: «Las santas Escrituras están completas desde su comienzo, y cada nuevo Libro revelado no hace más que confirmarlas sin añadir ni suprimir nada al misterio del espíritu encarnado, que constituye su fundamento sagrado» (*El Mensaje* 20, 2). Pero, sin poseer el espíritu que las dicta, cualquier intento por comprender la unidad de todas las tradiciones se traduce en una inevitable confusión.

«Asir al Señor por su cabellera dorada» significa encontrarlo en el momento en el que la eternidad se cruza con el tiempo. Es el tiempo de la iniciación o de la transmisión del conocimiento de la primera materia. Una de las leyendas alquímicas más conocidas y repetidas es aquella en la que un alumno le pide al maestro la *primera materia* para poder realizar la Gran Obra. Como es lógico, el maestro esconde su secreto y el arrogante alumno debe volver a la

---

1 Citado en E. d'Hooghvorst, *El hilo de Penélope I, op. cit.*, p. 84.

disciplina, pero en la leyenda se insiste de manera velada en que es el maestro, el Señor, quien transmite la *primera materia*, o, en un lenguaje más teológico, quien transmite el espíritu. Por eso, quien lo posee conoce el sentido de las Sagradas Escrituras y, en consecuencia, «ama naturalmente a su prójimo sin vacilación ni esfuerzo», como se lee en la continuación del versículo.

Respecto de la identificación propuesta por D'Hooghvorst entre la vieja cabaña y el atanor, hay que tener en cuenta la Fiesta de las Cabañas, o *sucot*, de la tradición judía. Durante siete días, cuando comienza el otoño, los judíos construyen y viven en una cabaña (*sucá*) para recordar, según las palabras de los rabinos, *los dos mundos, este-mundo* y *el mundo-por-venir*. Dos universos distintos, si bien uno está imbricado en el otro. La venida del Mesías, el advenimiento del otro mundo, se produce en este, en una cabaña, en un pesebre o en un atanor oculto a los ojos profanos; como se dice en *El Mensaje*: «¿Quién nos conducirá hasta la morada del sabio de Dios y quién nos introducirá junto a él? ¿Quién nos mostrará el lugar santo y quién nos descubrirá la luz que lo habita en secreto? ¡Oh, pesebre oculto!, ¡oh, secreto primero y último!» (*El Mensaje* 18, 34).

Después de recibir el espíritu del Señor «bendeciremos con conocimiento de causa las Escrituras santas de todas las naciones y alabaremos a Dios y a su obra sin libros ni instructores», pues todas las Escrituras son de Él y hablan de Él, y una vez conocido y experimentado ya no serán necesarios los libros ni los mediadores.

El texto sagrado más explícito en relación con los amores divinos es el *Cantar de los cantares*, que comienza del modo siguiente: «¡Oh si él me besara con besos de su boca! Porque mejores son tus amores que el vino» (Cant 1, 2). Los comentarios a este versículo se refieren siempre a la necesidad de un conocimiento directo, como el dedicado al papa Dámaso, en el que san Jerónimo escribió lo siguiente: «No quiero que me hable a través de Moisés, no quiero que se dirija a mí a través de los profetas. Que él mismo asuma mi cuerpo, que él mismo bese mi carne ».[2] Esta relación sin intermediarios otorga significación a la religión, en el sentido etimológico de *re-ligare*. «¡Oh, si él me besara con besos de su boca!», entonces su Espíritu y el mío serían uno. «Quien conoce el misterio de Dios ama naturalmente a su prójimo sin vacilación ni esfuerzo». El beso *hace-el-amor*; amar no es un precepto, o no debería serlo, sino el devenir propio de la

---

2   Citado en E. d'Hooghvorst, *El hilo de Penélope I, op. cit.,* p. 146.

vida. En *El Mensaje* se dice: «El amor ha comenzado con la primera separación; reposará con la última reintegración en la identificación de la unión total» (*El Mensaje* 5, 45). El amor es la gran fuerza que tiende a reunir o a reintegrar en la unidad las partes separadas que son de la misma naturaleza, Dios y el prójimo del hombre, es decir, Dios en el hombre. Los alquimistas añaden que esta unión solo puede darse en la pureza, entre elementos puros; entonces se aprehende el sentido interior de los textos revelados e inspirados, es decir, lo que debería ser el auténtico esoterismo.

En la comunicación del espíritu de Dios con el hombre reside el significado profundo del beso y, por eso, según D'Hooghvorst, cobra sentido el drama de la traición de Judas cuando este entregó a Jesús delatándolo con un beso: «Al que yo besare, ese es; prendedlo. Y luego se acercó a Jesús, y dijo: "¡Salve Maestro!". Y lo besó» (Mt 26,48-49). El verbo griego que utilizan san Mateo y san Marcos, *kataphilein*, significa «besar, intensa, firme y apasionadamente», y no el más usual *philein*: «besar de manera respetuosa, principalmente la mano». Judas profanó algo sagrado (y, por eso, secreto): la manera de transmitir el espíritu de maestro a discípulo.

También en la tradición hebrea, en concreto en el *Sefer ha-Zohar*, se alude al misterio del beso en relación con el texto de Salomón:

> «Que me bese con los besos de su boca» tiene la siguiente significación: el rey Salomón aspiraba a la unión del mundo superior con el mundo inferior. Y la unión de dos espíritus solo se realiza a través de un beso; cuando dos personas se besan en la boca, sus espíritus se unen hasta el punto de convertirse en uno.[3]

Se trata de un beso secreto que, al unir los espíritus, une también las distintas formas tradicionales en una única realidad.

---

3 *Sefer ha-Zohar*, vol. II, fol. 146b.

La belleza

Platón y, después de él, otros muchos pensadores y artistas han reflexionado sobre el significado de la belleza y el arte y su relación con el hombre. Una de las conclusiones que se deriva de estas reflexiones es que el ser poético, aquel que posee la palabra surgida de la unión con la belleza iluminativa, es el auténtico ser humano. El siguiente versículo se refiere a este tema:

> El artista, el creyente, el santo, el sabio, es el que se eleva hasta la belleza iluminativa de la creación liberada de su ganga de muerte.
>
> Solo hay un ARTE verdadero, es el que manifiesta el espíritu libre, que es la luz del Universo. Solo hay una ciencia verdadera, es la que fija esta luz divina en el reposo de Dios. (*El Mensaje* 22, 31)

Las funciones básicas que conforman la identidad del espíritu del hombre son, precisamente, las de crear, alabar, amar y saber, que corresponden al artista, al creyente, al santo y al sabio, gracias a las cuales puede elevarse «hasta la belleza iluminativa de la creación liberada de su ganga de muerte». Sin embargo, hay un paso previo que consiste en desembarazarse de las impurezas físicas y anímicas que impiden la contemplación de dicha belleza. La luz del universo, que también reside en el ser humano, debe brillar para poder contemplar la belleza iluminada e iluminativa de la creación. Nos acercaremos a ello a partir de la tradición occidental y de la oriental.

En su obra titulada *Muerte en Venecia*, Thomas Mann reflexiona sobre la belleza y concluye que se trata de la única realidad que es divina y perceptible al mismo tiempo. Por eso pone en boca de su protagonista, el escritor Gustav von Aschenbach, las siguientes palabras: «[la belleza] es el camino de lo sensible, el camino que lleva al artista hacia el espíritu. Pero ¿crees tú, amado mío, que podrá alcanzar alguna vez sabiduría y verdadera dignidad humana aquel para quien el camino que lleva al espíritu pasa por los sentidos?». Así, el poeta, el creyente, el santo o el sabio alcanzan la «verdadera dignidad humana» mediante el camino de los sentidos, en la contemplación, y no a través de la moral, la inteligencia o la ascesis. Mann sabe que es imposible recorrer este camino sin que Eros esté presente, y así lo explica por medio de su protagonista: «los poetas no podemos andar el camino de la belleza sin que Eros nos acompañe y nos sirva de guía [...]. Tal es nuestra gloria y tal es nuestra vergüenza».

Contemplar la belleza sin la equívoca compañía de Eros parece difícil, pues es precisamente este dios el que conduce al misterio de la unión. Como se ha dicho infinidad de veces, el mundo exterior es una trampa que nos desvía del mundo interior, pero «Si la belleza del mundo se nos escapa, ¿cómo se nos volverá perceptible alguna vez la belleza de aquel que lo ha hecho?» (*El Mensaje* 35, 73). El artista recorre esta vía equívoca, aunque también debería tener en cuenta la segunda parte del versículo que origina estas reflexiones: «Solo hay un ARTE verdadero; es el que manifiesta el espíritu libre, que es la luz del Universo. Solo hay una ciencia verdadera; es la que fija esta luz divina en el reposo de Dios».

En *El Mensaje* se habla de dos pasos consecutivos: la manifestación de la «luz del Universo», gracias al arte verdadero, y su fijación, realizada por la verdadera ciencia. En un breve tratado tradicional chino presentado en 1929 por Carl Gustav Jung, y traducido por Richard Wilhelm, se describe lo que podría significar la «fijación de la luz divina». Se titula *El secreto de la flor de oro* y en él se explica de un modo ciertamente misterioso cómo lograr la flor de oro o el elixir de vida al actuar sobre las fuerzas opuestas del yang y el yin. A partir de estos opuestos se puede hacer circular la luz y concentrarla en el punto conocido como *la flor de oro*.

En esta obra se enseñan unas técnicas que conjugan el budismo y el taoísmo con la tradición china ancestral que, por el lenguaje empleado, podrían compararse con la alquimia occidental. En sus páginas se habla de una meditación activa que debería permitir el movimiento del principio luminoso que pervive en el interior de cada ser humano. El principio luminoso sería el yang, el cual, una vez despertado o activado, necesita de su complemento yin para ser fijado; así se explica en uno de sus fragmentos: «necesitáis solo poner la Luz en curso circular; este es el secreto más alto y prodigioso. La Luz es fácil de mover, pero difícil de fijar. Si se la deja correr en círculo suficiente tiempo, se cristaliza: este es el cuerpo-espíritu natural».[1]

Se establece entonces la conjunción entre el yang y el yin, los dos opuestos unidos, lo que origina el nacimiento de un nuevo cuerpo:

---

1 C.G. Jung (ed.), *El secreto de la flor de oro*, Barcelona, Paidós, 1991, p. 96.

La belleza

Mediante la concentración de los pensamientos se puede volar y se nacerá en el Cielo. El Cielo no es el extenso cielo azul, sino el lugar donde la corporeidad es engendrada en la casa de lo Creativo [el yin en el yang]. Si se continúa en ello mucho tiempo, nace de manera enteramente natural, aparte del cuerpo, otro cuerpo de espíritu.[2]

El cielo de *El secreto de la flor de oro* y «la luz del universo» que aparece en el versículo tienen que ver con la manifestación de un lugar interior; una experiencia, la de esta manifestación, que en *El Mensaje* se describe como una conversión: «Convertirse es darse la vuelta dentro de la gran agua y contemplar la luz del cielo cara a cara» (*El Mensaje* 17, 18).

En el largo epílogo que escribió Thomas Cleary a su traducción de *El secreto de la flor de oro*, explica la siguiente anécdota:

> Una vez un Maestro preguntó a un estudiante: «¿De dónde eres?». El estudiante respondió que era de cierto lugar. El Maestro preguntó: «¿Piensas en ese lugar?». El estudiante respondió que con frecuencia pensaba en él. El Maestro dijo: «El pensador es la mente, lo que es pensado es el entorno. En el entorno hay montañas, ríos, tierra, edificios, gente, animales, etc. Ahora, haz girar tu pensamiento para pensar en la mente pensante; ¿hay allí tantas cosas?».[3]

Contemplar el paisaje interior y secreto es el objeto «del arte y de la ciencia verdadera», pues solo allí puede fijarse «la luz divina en el reposo de Dios». En *El secreto de la flor de oro* se añade que, en esta fijación, la luz crea para sí un *cuerpo-espíritu* en el que puede florecer una flor, llamada también el «elixir de vida» o la «píldora de oro». Este *cuerpo-espíritu* no sería muy distinto de la «tierra buena» (Mt 13,6), en la que la semilla del reino de los cielos puede germinar. Se trata de una operación que culmina la creación, por lo que, en terminología alquímica, coincidiría con la piedra filosofal. Contemplar el *cuerpo-espíritu* o la luz divina fijada en un lugar es poseer la dignidad humana. «La vida eterna es como la fijeza del fuego de la conciencia entre las creaciones movedizas del agua madre» (*El Mensaje* 14, 40).

2   Ibid., pp. 96-97.
3   Citado por T. Cleary, *El secreto de la flor de oro*, Madrid, Edaf, 2003, p. 185.

La actualidad del hermetismo

Emmanuel d'Hooghvorst insistía en la necesidad de separar la ciencia profana de la ciencia sagrada y dedicarse a esta última, pues, como ya se ha dicho, las ciencias tradicionales parten del punto de vista del hombre y, al margen de las concepciones geocéntricas o heliocéntricas, el objeto de su saber es siempre el ser humano. Esta idea se puede resumir en las palabras que fueron inscritas en el frontón del templo de Delfos: «Conócete a ti mismo y conocerás el Universo y los dioses».[4] Lo que hace que el hombre sea tal es un conocimiento, una ciencia que poseen «el artista, el creyente, el santo, el sabio». Sin embargo, solo este último lo posee por completo, puesto que únicamente él ha realizado la unión última con Dios; por eso se conoce plenamente y las Escrituras sagradas son su testimonio.

Un versículo de *El Mensaje* confirma la cercanía de los artistas a Dios a través de su búsqueda de la belleza: «Los poetas y los artistas cantan la belleza perdida, pero muy pocos saben que lloran a su Señor renegado» (*El Mensaje* 18, 11). Quizá por eso, en Occidente, el arte constituyó un refugio para el saber tradicional, aunque solo en parte, pues, como también se dice en *El Mensaje:* «Los artistas prodigan obras admirables, pero ninguna nos transporta hasta el fuego vivo» (*El Mensaje* 6, 23). Y aquí debemos referirnos de nuevo a la obra de Mann, ya que el fuego resulta equívoco: puede ser un fuego muerto y que conduce a la muerte, o puede ser, como se afirma en el versículo, un fuego vivo que deviene una luz corporificada, la belleza iluminativa que buscan y alaban el artista, el creyente, el santo y el sabio.

---

4 Citado en E. d'Hooghvorst, «La astrología en la Antigüedad», *op. cit.*, p. 10.

La gracia

Entre los temas principales que se abordan en *El Mensaje* se encuentra el de la gracia, uno de los más sutiles y más propios del pensamiento tradicional, pues, cuando ella se manifiesta, el ser que la recibe empieza a gustar de las delicias del *mundo-por-venir*. Por eso los milagros y las visiones se vuelven irrelevantes para él. Cuando se abren en secreto las puertas del paraíso, todo lo demás se vuelve irrisorio, tal y como se afirma en el siguiente versículo:

> No tenemos visiones, no oímos voces, no hacemos milagros, y el cielo permanece cerrado ante nuestros ojos; pero la gracia del Altísimo ha abierto nuestro entendimiento y su amor ha confirmado nuestra misión aquí abajo. Nuestro lote está entre sus manos. Él hará como le plazca. Pues, desde que nos hemos ofrecido y nos ha escogido, ya no nos pertenecemos realmente. Aceptamos ser rechazados, vilipendiados y abandonados por la gente bien situada, pero, al menos, que los más inteligentes en Dios se tomen la molestia de examinar y pesar atentamente las palabras del Libro; y que los más simples en Dios se preocupen de interrogarse en sus corazones respecto de la autenticidad de la obra que se les presenta. (*El Mensaje* 22, 38)

En *El Mensaje* también se dice que el intelecto «es la espada llameante y giratoria que nos prohíbe la entrada del jardín de Edén» (*El Mensaje* 12, 2). Sin embargo, y por la operación de la gracia, este intelecto se convierte, en el sentido estricto de la palabra, es decir, en el de obrar hacia y para el mundo exterior, se gira hacia el interior y entonces deviene la entrada al jardín celestial. Eso es lo que se explica en el relato que recogió Martin Buber (1878-1965) en su famosa antología *Cuentos jasídicos*, y que hemos resumido como sigue: uno de los más famosos *jasidim*, rabí Teitelbaum, quiso entrar en el paraíso de los hombres perfectos, pero los ángeles le advirtieron de que primero debía sumergirse en el pozo de Míriam. El rabí miró hacia las hondas aguas y se estremeció; sin embargo, los ángeles lo sujetaron y lo sumergieron. Cuando lo volvieron a sacar, rabí Teitelbaum penetró en el paraíso de los hombres perfectos. Allí contempló a uno de los maestros antiguos, que estaba sentado, llevaba con un gorro de piel en la cabeza y estudiaba el tratado titulado *La primera puerta*. Entonces el rabí gritó sorprendido: «¡Esto no puede ser el paraíso!». A lo que los ángeles le contestaron: «Escucha, criatura, pareces creer que los hombres perfectos están en el paraíso, pero no es así: el paraíso está en los hombres perfectos».[1]

Los libros sagrados, en apariencia tan crípticos, se abren y ofrecen toda su dulzura a aquel a quien la gracia del Altísimo le ha abierto el entendimiento, pues quien los escribe y quien los lee es el mismo. Por medio de los libros revelados se produce el encuentro entre *lo-que-es-divino-fuera-del-hombre* con *lo-que-es-divino-en-el-hombre*. «Un segundo de intuición revela lo que mil años de trabajos no permiten entrever» (*El Mensaje* 3, 76).

Lo inconmensurable sucede cuando el Altísimo despierta el entendimiento de aquel que ha «escogido». Cuando el tiempo —como explica Ananda K. Coomaraswamy en su libro *El tiempo y la eternidad*—[2] deja de ser una imitación de la eternidad, el devenir deja de ser una imitación del ser y el pensamiento deja de ser una imitación del entendimiento. En este sentido, Coomaraswamy cita el siguiente fragmento de Rumi:

> El sufí es el hijo de este «instante», que se ha de entender como una negación de las divisiones del tiempo, del mismo modo que hay que entender la afirmación «Dios es Uno» como una negación de la dualidad y no como una descripción de la verdadera naturaleza de la Unidad.[3]

El hijo del instante es aquel que se ha desvinculado de la multiplicidad y se ha religado al ser y a la eternidad.

En la comprensión de los textos sagrados reside la más íntima alegría del sabio, pues estos le desvelan lo inconmensurable de la unión con Dios. En un lenguaje no deísta, como sería el de la tradición extremo-oriental —básicamente, de la escuela budista *zen* o *chan*—, se alude a menudo a esta alegría secreta y profunda, a un entendimiento otro que se refleja en sus enseñanzas. Así, ante un acontecimiento paradójico la mente se libera del juicio

---

1 Recopilado por M. Buber, *Cuentos jasídicos. Maestros continuadores* II, Barcelona, Paidós, 1983, p. 32.

2 A.K. Coomaraswamy, *El tiempo y la eternidad*, Madrid, Taurus, 1980, p. 103.

3 *Ibid.*

de *este-mundo* y alcanza la comprensión del *mundo-por-venir*. Seguramente, en estos textos no se diga que es la gracia del Altísimo la que abre el entendimiento del hombre, pero, en el fondo, refieren a la misma experiencia. Los ejemplos son innumerables, como, por ejemplo, el que se explica en una historia zen en la que un maestro llamado Hyakujo convocó a sus monjes para escoger a uno de ellos como encargado de su nuevo monasterio. Cuando estaban todos reunidos, colocó una jarra llena de agua en el suelo y preguntó: «¿Quién puede decir qué es esto sin llamarlo por su nombre?». El monje jefe, que esperaba ser designado, respondió: «No puede decirse que sea un zueco». «No es un estanque, pues puede ser transportado», afirmó otro monje. Isán, el monje cocinero, que estaba cerca, se aproximó, hizo caer la jarra de un golpe, el agua se derramó y él se marchó. Hyakujo sonrió y dijo: «El monje cocinero será el maestro del nuevo monasterio». La acción del cocinero fue el resultado de un instante de intuición y no de un pensamiento lógico, y eso es lo que causó la alegría del maestro zen.

En su obra *El hilo de Penélope I*, Emmanuel d'Hooghvorst recogió una historia judía que tiene mucho que ver con el concepto oriental de esta comprensión fuera de la lógica y del tiempo.[4] La historia describe una discusión entre un saduceo —quien lee la Torá literalmente— y rabí Abahú. El primero le presenta diversos fragmentos de la Torá mal ordenados históricamente y le cuestiona el porqué de ello, y el segundo le replica: «Para vosotros que comentáis la Escritura sin estar religados, es un caso difícil. Pero nosotros, que comentamos la Escritura estando religados, ello no representa ninguna dificultad». D'Hooghvorst incluyó en su comentario una sentencia de rabí Iojanán, quien para apoyar a rabí Abahú citaba el siguiente fragmento de los Salmos: «Religados para siempre a la eternidad, hechos en verdad y rectitud» (Sal III,8).

En la última carta que Louis Cattiaux escribió a René Guénon citaba el versículo que abre este capítulo y añadía:

> No oigo voces, sino que es el impulso de dentro que me toma bajo el golpe de una alegría o de un dolor, que viene de la meditación o de un acontecimiento exterior, y que me es necesario transcribir

---

4 Véase E. d'Hooghvorst, *El hilo de Penélope I, op. cit.*, p. 297.

refiriéndome constantemente al comienzo y al final metafísico de toda cosa.[5]

La gracia del Altísimo transporta a quien la recibe desde lo cotidiano hasta el *mundo-por-venir;* al reino del eterno presente. Este versículo es uno de los pocos en los que Cattiaux se refiere a sí mismo: «La gracia del Altísimo ha abierto nuestro entendimiento y su amor ha confirmado nuestra misión aquí abajo». Y luego añade: «Nuestro lote está entre sus manos. Él hará como le plazca. Pues, desde que nos hemos ofrecido y nos ha escogido, ya no nos pertenecemos realmente». El profeta, que tiene como misión anunciar al Señor entre los hombres, ya no se pertenece, no pertenece a este mundo, sino al *mundo-por-venir,* en el que el *ser-Dios* se convierte en una realidad.

En su obra *El Libro de Adán,* Carlos del Tilo recoge unos fragmentos de un padre de la Iglesia medieval llamado Rupert de Deutz (1075-1129), en los que se compara la misión profética con el misterio marial, pues, como se dice en el versículo de *El Mensaje,* María se ha ofrecido y ha sido escogida, la voluntad que la rige ya no es la suya: «He aquí la sierva del Señor, que se haga tu voluntad según tu palabra» (Lc 1,38). En la presentación de dicho artículo, Del Tilo explica lo siguiente:

> María es una persona humana; representa el misterio de la naturaleza del hombre magnificada y purificada para convertirse en la esposa del Padre Altísimo. De este modo, Él toma cuerpo y engendra la Palabra encarnada. La María histórica personifica el *arquetipo*... de la realización de este misterio en la naturaleza pura del profeta. Por tanto, los profetas, según dice, han engendrado y dado a luz al Verbo encarnado, de la misma manera que lo hizo María.[6]

Después de la gracia, en el versículo se dice que es el amor del Altísimo el que ha confirmado su misión aquí abajo. La misión del profeta consiste en dar cuerpo al Verbo, como se apunta en otro versículo: «No hemos escogido escribir el Libro ni predicar la verdad de Dios; es el Señor quien nos ha escogido y se ha lanzado sobre nosotros sin avisar, como el águila que arrebata su presa y la eleva al cielo...». (*El Mensaje* 21, 64).

---

5 *Correspondencia completa...*, op. cit., p. 141.
6 C. del Tilo, *El libro de Adán...*, op. cit., p. 121.

La gracia

Quizá por eso, después el autor exhorta, aun a riesgo de ser tomado por loco y de ser rechazado por los biempensantes en el mundo, a que al menos «los más inteligentes en Dios se tomen la molestia de examinar y pesar atentamente las palabras del Libro; y que los más simples en Dios se preocupen de interrogarse en sus corazones respecto de la autenticidad de la obra que se les presenta».

La metamorfosis

Al socorrer a las criaturas más humildes se practica un profundo acto de amor a la vida, pues se la reconoce en toda su unidad. Así aparece reflejado en el siguiente versículo:

> Quien ha reconocido la unidad de la vida no se avergüenza de socorrer un gusano, pues sabe sin ninguna duda que se ayuda a sí mismo socorriendo a cualquier ser vivo.
>
> Abre la mano, abre el espíritu, abre el corazón y la vida te bañará por todas partes. Cierra la mano, cierra el espíritu, cierra el corazón, y la muerte te estrechará por todos los lados. (*El Mensaje* 23, 9)

Reconocer «la unidad de la vida» constituye el modo de crear un diálogo entre el hombre y la naturaleza a partir del cual se manifiesta el *ser-Dios*, tal como reza otro versículo: «La única vía que conduce a la posesión de Dios es el conocimiento de la naturaleza y del hombre» (*El Mensaje* 2, 86). Dialogar con un gusano o con una hormiga es amar e identificarse completamente con la vida. «Cuando temamos por nuestras vidas —se afirma en otro lugar de *El Mensaje*— como tememos por la de una hormiga, estaremos a punto de ser instruidos» (*El Mensaje* 12, 70). En este diálogo aprenderemos que el universo responde a un saber que no juzga ni distingue entre lo preciado y lo que no tiene un valor aparente; por eso la experiencia del hombre en el mundo debería ser una prolongación de su propio sí-mismo en la interioridad de la naturaleza; este es el sentido del versículo de la derecha: «Abre la mano, abre el espíritu, abre el corazón, y la vida te bañará por todas partes».

Si el hombre se abre, experimenta que la vida, la suya y la del gusano, son inseparables en la conciencia divina, tal como aparece en otro versículo: «La libertad y la potencia primeras son como la salida de la conciencia individual y como la inmersión en la conciencia divina, donde Dios actúa y reposa eternamente» (*El Mensaje* 18, 58). Así, reconocer «la unidad de la vida» sería penetrar en «la conciencia divina».

La frase «socorrer a un gusano» remite de manera inevitable al significado que se daba a la metamorfosis o la transformación en la

Antigüedad. Como aparece en otro versículo: «¿Quién podría creer, sin haberlo visto, que un gusano despreciable y oscuro se transforma en una mariposa resplandeciente de luz?» (*El Mensaje* 15, 40). En su profecía mesiánica, que se enmarca entre las que se refieren al dolor y el menosprecio a Cristo, sobre todo cuando está en la cruz, el rey David canta lo siguiente: «Mas yo soy gusano, y no hombre; oprobio de los hombres y despreciado del pueblo» (Sal 122,7). Sin embargo, el hombre injuriado y vejado se transformará en el glorioso Resucitado.

«Transformación o metamorfosis» sería la expresión más adecuada para aludir a la gran obra alquímica en tanto que en ella, o, gracias a ella, los metales viles se convierten en oro puro y resplandeciente. D'Hooghvorst se refirió a este proceso de purificación en su comentario a la sexta de las *Bucólicas* de Virgilio. El artículo empieza con la descripción de la escena, cuando dos jóvenes sátiros, Cromis y Mnasilo, descubren a Sileno ebrio y dormido en un antro silvestre. Se esmeran en atarlo con guirnaldas y Egle, la más hermosa de las náyades, les proporciona su ayuda. Seguidamente, Sileno despierta y pide a los dos jóvenes que lo libren de sus ataduras; a cambio, Sileno les ofrecerá un canto. «Dicho canto es —escribe D'Hooghvorst—, en realidad, una revelación de la *gran obra* o *metamorfosis*, tal como se llamaba entonces».[1]

La escena de la bucólica virgiliana transcurre en un antro o caverna de los tesoros que, según el autor del comentario, «es la mina donde se encuentra aquella famosa materia mineral, aquí, Sileno».[2] Sileno, como el gusano, es feo, deforme y no posee ningún atractivo aparente, al igual que la materia mineral. Se le representa con la frente calva, la nariz plana y chata como Sócrates y, además, gordo y redondo como un tonel, pues «Sileno, en realidad —D'Hooghvorst cita aquí a Michael Maier—, no es más que la primera materia, en su estado vil y silvestre, es decir, grosero. Si esta materia fuese tratada con dulzura y humanidad, Baco, el omnipotente dios del oro, surgiría pronto para pagar este favor con un favor múltiple».[3]

La vida que aparece en el versículo y que al final «nos bañará por todas partes», primero está encerrada, prisionera en el interior de una materia que se muestra bajo un aspecto insignificante y despreciable.

---

1 E. d'Hooghvorst, *El hilo de Penélope I, op. cit.,* p. 107.
2 *Ibid.,* p. 108.
3 *Ibid.*

La metamorfosis

Cuando en *El Mensaje* se propone abrir la «mano», el «espíritu» y el «corazón», se anima a buscar sin prejuicios en lo insignificante, lo despreciable, en el caos de este mundo caído para recoger allí la semilla de la nueva vida y regarla hasta que surja el fruto luminoso del *mundo-por-venir*. Este proceso de transformación está ejemplarizado por el gusano o por la oruga que se vuelve mariposa; recordemos que *psique* (en griego) significa tanto «alma» como «mariposa».

Si alguien busca lo luminoso y desprecia lo oscuro, si solo aprecia la mariposa e ignora al gusano, es que la ignorancia lo ciega y solo se rige por la razón, que, de manera inevitable, provoca que cierre la «mano», el «espíritu» y el «corazón». En este caso, la «muerte» se apodera de este ser en cuerpo, espíritu y alma, y la conciencia divina se desvanece sin siquiera haber llegado a existir.

No se puede separar la vida de la búsqueda de Dios; así se explica en otro lugar: «Salir de Dios es caer en la multiplicidad de la muerte. Entrar de nuevo en Dios es renacer a la unidad de la vida» (*El Mensaje* 5, 84). Esta definición también valdría para la obra alquímica: el renacer a la unidad de la vida a partir de aquello cubierto por la muerte. La imagen de un gusano o de una lombriz es exacta.

En uno de los *Aforismos del nuevo mundo*, Emmanuel d'Hooghvorst resumió del siguiente modo su artículo sobre la égloga de Virgilio que acabamos de citar: «Donde el amor tomó palabra, canta la edad de oro. ¡Qué viña, este Marte cocido donde se emborrachó Sileno! ¡Oro del todo puro!».[4]

La apertura de la «mano», el «espíritu» y el «corazón» indica el advenimiento de la edad de oro, pues significa que la vida se ha separado de la muerte que hasta entonces la cubría. Ello ocurre en la primavera de los filósofos alquímicos, cuando Marte, el dios aéreo que rige al signo de aries, se convierte, por una secreta cocción, en un licor que provoca la locuacidad de Sileno. Entonces es cuando aparece la «unidad de la vida» que D'Hooghvorst denomina «¡Oro del todo puro!».

---

4 *Ibid.*, p. 346.

La transmisión

Las mismas enseñanzas que propusieron los humanistas del *Quattrocento* y del *Cinquecento*, cuando se utilizaron la cábala judía y el hermetismo para profundizar en los misterios cristianos, se hallan en *El Mensaje*, en especial las que se refieren a la transmisión de la palabra revelada. Un ejemplo evidente de esta correspondencia con las enseñanzas de *El Mensaje* podemos encontrarlo en el versículo siguiente:

> La palabra esencial y sustancial transmitida por el maestro es lo que nos hace herederos del Altísimo, a condición de que la recibamos santamente con gratitud y no profanamente con malicia.
>
> Algunos santos abnegados y un sabio conocedor podrían enseñar de nuevo a los creyentes el camino que salva del exilio y de la muerte de este mundo, si los corazones de los hombres no estuvieran tan profundamente sepultados bajo la mugre del pecado. (*El Mensaje* 24, 13)

De lo expresado aquí se desprende que el ser humano puede ser «heredero del Altísimo» y salvado «del exilio y de la muerte» gracias a la ayuda de los maestros santos y sabios, ya que ellos forman la cadena de lo que se entiende por «tradición», en el sentido más propio del término (del latín *tradere*, «transmitir de mano a mano»). En ella se enseña que tras la muerte en *este-mundo* está la vida del *mundo-por-venir*. Se trata de una sabiduría que se ha transmitido de mano en mano a lo largo de los tiempos, aunque quizá debería decirse de boca a oído, pues, como se propone en el versículo de *El Mensaje*, es «la palabra esencial y sustancial» transmitida por el maestro lo hace que el hombre sea «heredero del Altísimo».

La palabra esencial y sustancial es propia del género humano y a ella va vinculada la vida después de la muerte, pues «Solo la palabra de Dios y su salvación cuentan en definitiva» (*El Mensaje* 32, 2). Desde una perspectiva tradicional, no hay diferencia entre el ser humano y el *Homo religiosus*, entendiendo la religión como aquello que *re-liga* lo que fue separado por la caída original, es decir, Dios y el hombre. En determinadas sociedades iniciáticas se alude a esta separación con la fórmula de *la palabra perdida*, una palabra que debe ser reencontrada puesto que determina la identidad del hombre como heredero del Altísimo. Pero, para ello, se necesita de la transmisión, de la tradición de los maestros, de los santos y de los sabios.

Resulta innegable que el ser humano habla de continuo y que utiliza miles de palabras en sus charlas; no obstante, se trata de palabras sin vida ni contenido, de palabras vanas con las que construye sus discursos en la muerte. Quizá por eso, el autor de *El Mensaje* se pregunta: «¿Cada palabra de nuestra lengua no es como una blasfemia ante el verbo del Altísimo?» (*El Mensaje* 23, 25). Sin embargo, al hablar de la palabra perdida y reencontrada, los conocedores de la tradición se refieren al *logos* primordial citado por Juan en su evangelio.

«La palabra esencial y sustancial» que aparece en el versículo que hemos citado al principio, o, lo que es lo mismo, el «verbo del Altísimo», es lo que permite que el pensamiento universal —el mundo de las ideas platónicas— tome cuerpo y se pueda fijar, se pueda encarnar. Y aún más, pues, tal como señala Agustín Andreu en su ensayo titulado *El Logos alejandrino*, el significado del *logos* en el evangelio de Juan es más amplio que el de dar cuerpo a la inmensidad del espíritu universal, ya que este *logos,* o esta palabra*,* es el mismo Dios encarnado que, siendo el Hijo, es igualmente Dios. Andreu lo explica del siguiente modo:

> Pero en Juan esto es más tremendo todavía, pues no se trata de que el hombre haya «prestado» voz y conciencia al creador del universo, ni tampoco de que el Logos le haya «prestado» o revelado algo. Es el Logos mismo (que es hombre), la Sabiduría, la que se expresa así, porque Dios (Cristo-Hombre) lo quiere y lo ha querido.[1]

Esta sería la función del ser humano, pues al decir *qué-es-Dios* deviene el *ser-Dios*; por eso, en otro versículo de *El Mensaje* se lee lo siguiente: «Los profetas nos han hablado de la sustancia y de la esencia de Dios, ¡pero nosotros escudriñamos sus textos para descubrir en ellos la historia, la moral, la poesía o la adivinación!» (*El Mensaje* 19, 1).

La profecía y la poesía, que están relacionadas con la sustancia y con la esencia de Dios, constituyen lo propio del ser humano y su realidad más íntima. Un fragmento muy conocido de *El cementerio marino,* de Paul Valéry, celebra la relación entre Dios, el hombre y la palabra de este modo:

---

1 A. Andreu, *El Logos alejandrino*, Madrid, Siruela, 2009, p. 61.

> *Honneur des Hommes, Saint Langage,*
> *discours prophétique et paré,*
> *belles chaînes en qui s'engage*
> *le dieu dans la chair égaré...*
> (Honor de los hombres, Santo Lenguaje / discurso profético y engalanado, / hermosas cadenas en las que se adentra / el dios en la carne extraviado...).

En el santo lenguaje se hallan el honor y la herencia del ser humano. Desde hace algunos siglos, Europa parece haber perdido este conocimiento y por eso resulta difícil comprender el sentido de la revelación en la que el hombre y Dios se encuentran. La palabra revelada es el cuerpo más sutil y preciado que pueda existir, puesto que es el nombre propio de Dios, y su nombre es Él. «El santo Nombre de Dios —se dice en otro versículo— es una realidad viva y palpable que lo puede todo. Es un misterio que muy pocos han conocido o conocerán» (*El Mensaje* 18, 65).

La tradición consiste en la transmisión de algo, también la cábala, y por ello implica la recepción de un don, el don de la palabra que constituye la dignidad del ser humano. En el pensamiento de Pico della Mirandola, esta idea aparece claramente expresada y originó lo que se conoce como «el humanismo», como se desprende del siguiente fragmento de su prólogo a las *Conclusiones*:

> Me parece haber entendido por qué el hombre es el ser vivo más dichoso, el más digno, por ello, de admiración, y cuál es aquella condición suya que le ha caído en suerte en el conjunto del universo, capaz de despertar la envidia, no solo de los brutos, sino de los astros, de las mismas inteligencias supramundanas. Increíble y admirable. Y ¿cómo no, si por esta condición, con todo derecho, es apellidado y reconocido el hombre «el gran milagro y animal admirable»?[2]

Pico explica después que la verdad que fundamenta las tradiciones auténticas se refiere al conocimiento del nombre de Dios. De ahí la dignidad del hombre, pues es el centro del universo en su divinidad, que se transmite de generación en generación, y que lo hace «heredero del Altísimo». Pico lo enseña desde su profunda cristiandad,

---

2 G. Pico della Mirandola, *De la dignidad del hombre*, op. cit., p. 104.

ya que conoce el fundamento de su fe y por eso puede confrontarla con las demás. En *El Mensaje* se dice algo parecido: «Que cada uno practique la religión de sus padres o la que haya elegido, y que cada uno penetre su fe particular antes de confrontarla con la de los demás. Así, al penetrar hasta el centro secreto, cada uno será unificado en la unidad del Único y se convertirá en «Mensajero Reencontrado» (*El Mensaje* 35, 4).

La base del humanismo sería, pues, la concepción del ser humano como centro del universo; como es evidente, no el hombre caído, sino aquel que ha conocido el nombre «esencial y sustancial»: esencial porque contiene *el-ser-Dios* y sustancial porque se trata de un cuerpo perceptible.

Cuando el autor de *El Mensaje* se refiere a la palabra «transmitida por el maestro», es necesario recordar que este maestro sería el adepto que, habiendo llegado al final de la obra alquímica, puede transmitir este conocimiento y su materia. Carlos del Tilo explicó el significado de esta palabra en una de sus conferencias:

> El término «adepto», del latín *adeptus*, significa «el que ha adquirido» y, en este caso, el que ha logrado el total conocimiento experimental de la Gran Obra de los Filósofos, desde el principio hasta el final. Desde el principio, o sea la iniciación, hasta la gloria de la realización total.[3]

La iniciación, tan celebrada por muchos grupos esotéricos, es solo el inicio del proceso para poder transmitir la herencia del Altísimo; por eso, continuaba Carlos del Tilo:

> El iniciado ha recibido el comienzo, por eso se llama «iniciado», pero el proceso que conduce al final es largo, y son muy pocos los que lo consiguen en este mundo; se puede decir uno o dos por siglo, pero estos bastan para que la cadena de la filiación no se interrumpa. Los adeptos, pues, son los únicos capacitados para transmitir el secreto a un discípulo con el permiso de Dios. El iniciado solo es depositario de los misterios, pero no dispone del poder de transmitir.[4]

---

3   C. del Tilo, Conferencia impartida en la Biblioteca Arús de Barcelona, el 24 de mayo de 2001.
4   *Ibid.*

La transmisión

La cita de Carlos del Tilo describe la transmisión de la herencia del Altísimo a la que remite el primer versículo: «La palabra esencial y sustancial transmitida por el maestro es lo que nos hace herederos del Altísimo». Esta palabra es la semilla de la regeneración del hombre y en ella residen su honor y su dignidad.

El propio Jesús usó en sus parábolas la imagen de la semilla y la relacionó con la palabra profética; también en las epístolas de los apóstoles aparece este mismo símbolo, como puede leerse en la primera carta de Pedro:

> Habiendo purificado vuestras almas en la obediencia de la verdad, mediante el Espíritu, para el amor fraternal no fingido, amaos unos a otros entrañablemente, de corazón puro; siendo renacidos, no de simiente corruptible, sino de incorruptible, por la palabra de Dios, que vive y permanece para siempre. (Pe 1,22-25)

Al igual que la semilla debe unirse con una tierra propicia para poder manifestarse en su completitud, la palabra es la consecuencia de la unión del Creador con su creación y refleja el amor entre los dos. Una unión amorosa que Pico, como hemos visto, denominó «magia» cuando escribió que: «Hacer magia no es otra cosa que casar los mundos».[5] En el versículo de *El Mensaje* que ha dado pie a esta reflexión se dice que «algunos santos abnegados y un Sabio conocedor» podrían mostrar de nuevo a los hombres el camino que salva de la muerte. Este camino sería el de la palabra, un conocimiento o una ciencia que se transmite por amor y que, al igual que la magia de Pico, casa los mundos. El siguiente versículo de *El Mensaje* alude a esta operación: «Nada nos salvará de la miseria, de la mugre, de la enfermedad, del sufrimiento, de la ignorancia, del miedo, del odio, del desespero, de la soledad y de la muerte salvo la ciencia de Dios sapientísimo. Y nada nos la transmitirá, salvo el amor de los que la poseen en herencia desde la creación del hombre, pues su palabra es el amor de Dios, que viene a nosotros hasta la tierra de exilio» (*El Mensaje* 34, 29).

---

[5] Véase R. Arola, *La cábala y la alquimia en la tradición...*, op. cit., p. 84.

La revelación

Toda revelación posee dos caras: una abierta a todos donde se enseña lo exterior, es decir, la letra, los dogmas y los preceptos de las prácticas religiosas, y otra secreta, que reciben solo algunos, en la que se transmite lo interior, esto es, la esencia y la sustancia original de la unión del hombre con Dios. Así, podría decirse que la primera es *exotérica* y, la segunda, *esotérica*. Creemos que el uso de estos términos, «exoterismo» y «esoterismo», está justificado en relación con el devenir de las auténticas revelaciones, aunque a veces parezca temerario por el abuso de sentido que han sufrido en los últimos tiempos. Estos dos aspectos se recogen en el siguiente versículo de *El Mensaje*:

> Los que transmiten lo de fuera de la revelación divina no deben envidiar, ni renegar, ni perseguir a los que transmiten lo de dentro, pues son hermanos en la unidad del secreto del Único.

> Una y otra palabra se completan en la unidad de la revelación divina, como los discípulos conocidos y desconocidos se completan en la unidad de la comunión de vida. (*El Mensaje* 25, 51)

Llegados a este punto, podríamos preguntarnos qué se entiende por una «revelación divina». Aunque la respuesta parece simple, si reflexionamos sobre ella sin prejuicios ni creencias preconcebidas ya no lo es tanto. Emmanuel d'Hooghvorst mencionó esta cuestión al tratar de la filosofía judaica que, según este autor, sería:

> la famosa Ley de Moisés... que preferimos sustituir por la palabra hebrea *Torá*, «revelación», es decir, una instrucción viva y vivificante descendida del cielo. [...] La Torá es una revelación dada a Israel... En el don de la Torá, Israel es revelado a sí mismo, a fin de conocerse: esta es la vía de la verdad, llamada también «cábala», que significa «recepción de un don».[1]

Así pues, la revelación es una instrucción viva y vivificante descendida del cielo, un don cuyo único receptor es el ser humano. Sin

---

1 E. d'Hooghvorst, *El hilo de Penélope I, op. cit.,* pp. 246-247.

embargo, quien la recibe no es el hombre exterior y carnal, sino el ser interior y luminoso que es de la misma naturaleza que aquello que se revela. Por eso, D'Hooghvorst afirma que, mediante el don de la Torá, Israel se revela a sí mismo, pues los textos se refieren solo a Jacob, es decir, al pueblo de los patriarcas que han luchado con el ángel y han obtenido su bendición.

«Por la lectura y la meditación de los libros santos —se dice en *El Mensaje*— es como mantenemos y desarrollamos en nosotros el fuego sagrado del Señor» (*El Mensaje* 14, 4). El contenido de los libros revelados y lo que reposa en el interior del ser humano conforman una única realidad: el fuego y su soporte. «Todo lo que está sujeto al fuego no es de Dios, pues Dios es la esencia misma del fuego» (*El Mensaje* 23, 23). El fuego consume al hombre exterior; en cambio, el hombre interior se alegra en él, pues es de su misma naturaleza. La revelación es la alianza del hombre con Dios, que reúne lo igual con su igual.

«Revelación» significa descubrir lo que estaba oculto en el mundo y también en el hombre, su propia identidad, su propio ser. Ni las palabras de *El Mensaje* ni las de Emmanuel d'Hooghvorst pretenden descubrir algo nuevo, sino que vuelven a expresar el núcleo de la tradición universal manifestado a lo largo de los tiempos. La interioridad del mundo, del hombre y de Dios es una sola y está fuera de la historia de las culturas. Sin embargo, hay un matiz en *El Mensaje* de Cattiaux y en la exégesis de D'Hooghvorst que recuerda que la revelación de lo oculto no se produce solo a nivel espiritual, pues la interioridad también es sustancial; así lo indica el siguiente versículo: «Las escuelas religiosas y las escuelas iniciáticas no deben limitar su enseñanza a la búsqueda espiritual; deben conservar el último peldaño, que es la búsqueda sustancial olvidada por todos» (*El Mensaje* 32, 45).

D'Hooghvorst se ha referido en muchas ocasiones a esta «búsqueda sustancial» y, como ejemplo, citaremos uno de sus artículos cuyo título reproduce un versículo de *El Mensaje*: «Rehaz el barro y cuécelo» (*El Mensaje* 15, 68), en el que analiza un matiz lingüístico propio de la exégesis hebrea. La traducción literal del pasaje del *Talmud* donde se explica la recepción de la Torá por Moisés, sería que la recibió «del Sinaí» y no «en el Sinaí», como se afirma de manera usual. Por eso D'Hooghvorst comenta lo siguiente:

La revelación

¿Quién ha hecho el don de la Torá? ¿Dios? No. Pero sí el Sinaí. Efectivamente, el texto no dice que Moisés recibió la Torá sobre o en el Sinaí, sino que la recibió del Sinaí... Encontramos dos etimologías posibles de la palabra *sinaí*: «zarza de espinas» y «barro». Así, Moisés habría recibido la Torá de un barro.[2]

A partir de este punto, el autor relaciona la revelación de la Torá *del* Sinaí con el misterio de la alquimia, y para ello cita a varios autores clásicos de la alquimia occidental, entre ellos a Arnau de Vilanova cuando este afirmaba que: «la plata viva o aguardiente debe ser vertida, para operar, sobre una cal fija que, a la vez, es su nodriza, su esposa y su madre, y que los filósofos llaman "nuestra tierra"».[3] Estas enseñanzas tan oscuras esconden, según D'Hooghvorst, la realidad sustancial de Dios. No se trata de fórmulas teóricas, sino de un juego de los elementos en el que la plata viva sería la fuerza del cielo, un agua-fuego que debe unirse con la tierra para la obtención de una mezcla, un barro que, como una madre-nodriza, va a dar a luz a la Torá, la palabra divina.

El secreto de esta materia, que es también el secreto de la alquimia, es lo de «dentro» de la revelación divina, que se manifiesta «fuera» bajo la forma de historias, ritos, símbolos, etc. Para no profanar su virtud, «los discípulos conocidos y desconocidos» que transmiten una y otra revelación «son hermanos en la unidad del secreto del Único». Lo público y lo secreto, lo esotérico y lo exotérico, se complementan, pues una revelación necesita de la otra. Sin embargo, a menudo y por ignorancia ha surgido un enfrentamiento entre ambos aspectos de la revelación; por eso el comienzo del versículo parece relevante: «Los que transmiten lo de fuera de la revelación divina no deben envidiar, ni renegar, ni perseguir a los que transmiten lo de dentro».

En la tradición judía se enseña que existen dos manifestaciones de la revelación: la llamada «Torá escrita» y la «Torá oral» o, literalmente, la «Torá sobre la boca». Un texto rabínico explica que de los cuarenta días que Moisés permaneció en el Sinaí, solo fue necesario uno para que el Santo, bendito sea, le dictara toda la Torá, la Torá escrita conocida por todos, mientras que en los treinta y nueve restantes le enseñó los misterios que solo se pueden trans-

---

2 *Ibid.*, p. 257.
3 Citado en E. d'Hooghvorst, *El hilo de Penélope I, op. cit.*, p. 318.

mitir de manera oral al oído del discípulo debidamente preparado; es la Torá *be-al-pe* o la Torá oral. Según se expresa en *El Mensaje*: «La revelación de la salvación de Dios comporta una Iglesia para perpetuarla y una Escuela para enseñarla, y una no puede ir sin la otra, so pena de la desaparición final de ambas» (*El Mensaje* 28, 43).

Este versículo constituye una advertencia para todas las tradiciones, pero en especial para la cristiana, pues por su complejidad teológica ha propiciado la aparición de muchas herejías, algunas de ellas reales, si bien otras han sido calificadas como tales solo porque la Iglesia exterior ha «envidiado, renegado y perseguido» la ciencia secreta cuando se ha manifestado a lo largo de los tiempos. Los maestros de la alquimia que han tocado el barro vivificante, necesario para la comprensión completa de la revelación, casi siempre han permanecido escondidos, a excepción de algunos momentos puntuales en los que se ha producido el encuentro que se describe en *El Mensaje*. Uno de estos momentos tuvo lugar pocas décadas antes de la Reforma protestante, cuando Pico della Mirandola, en el prólogo de sus famosas *Conclusiones,* demostró que la revelación cristiana no solo generó una Iglesia exterior, sino también una escuela interior; al menos, eso es lo que se desprende de sus enigmáticas palabras: «Y todavía lo diré (lo diré, aunque ni con modestia ni según mi estilo), lo diré, sin embargo, pues me fuerzan a ello los malévolos; quise con este certamen mío dar fe, no tanto de que es mucho lo que sé, cuanto de que sé lo que muchos no saben».[4] Pico della Mirandola, que en ninguna de sus *Conclusiones* utiliza el lenguaje alquímico, parece dar a entender que conoce este misterioso barro cuando dice que sabe lo que muchos ignoran. Precisamente esto es lo que se cuenta de dicha materia en la *Concordance Mytho-Physico-Cabalo-Hermétique:* «Manipulando el verdadero légamo caótico del aire, se adivinan, sin dificultad y progresivamente, los enigmas filosóficos, se recorre toda la mitología y se penetra en el verdadero sentido de ciertos pasajes del Antiguo Testamento y el de todas las obras de Salomón».[5]

Quizá fuera a partir de esta realidad como Pico concibió la reunión de todas las tradiciones conocidas en la época, y ello porque sabía lo que muchos no, es decir, conocía el núcleo común del que todas fluían y que debía mantenerse oculto. Este autor, familiarizado

---

4   G. Pico della Mirandola, *De la dignidad del hombre, op. cit.,* p. 140.

5   F. du Bosquet, *Concordance Mytho-Physico-Cabalo-Hermetique,* Grenoble, Le Mercure Dauphinois, 2002, p. 58.

La revelación

con la verdad universal o la *filosofía perenne,* explica que en todas las tradiciones hay una parte secreta que ha de mantenerse oculta; por eso escribe: «comunicarlo solo a los perfectos, a los únicos entre los cuales dice Pablo hablar él la sabiduría, no fue recomendación humana, sino precepto divino».[6]

La prudencia divina decide quién recibe cada revelación, lo de dentro o lo de fuera; sin embargo, y como se dice en el versículo: «una y otra palabra se completan en la unidad de la revelación divina, como los discípulos conocidos y desconocidos se completan en la unidad de la comunión de vida».

---

6   G. Pico della Mirandola, *De la dignidad del hombre, op. cit.,* p. 136.

La bendición

El hombre solo podría ser *El hombre sin atributos,* de Robert Musil, que, en el lenguaje filosófico de Alois M. Haas, transita desde un vago concepto de «ausencia» hacia un estado proclive al encuentro de lo Absoluto.[1] El hombre solo también es quien se aparta del devenir del mundo exterior que, a su vez, lo margina. El hombre de mundo y el hombre solo entienden de modo diferente la realidad y hablan lenguajes distintos. Por eso el hombre que está consigo está solo, pues el mundo lo rechaza; en cambio, es amado por el cielo a causa de su búsqueda del *ser-Dios*. El siguiente versículo de *El Mensaje* trata de esta dicotomía:

52. Sea cual sea su valor, su talento y su utilidad, el hombre solo está condenado por la sociedad de los hombres a perecer, pues, siendo débiles, mediocres y cobardes por naturaleza, estos solo pueden vivir en rebaños donde todo se intercambia sórdidamente y donde nada se da de manera gratuita.

52'. Lo que en el mundo parece ventajoso no lo es ante Dios. Así, el hombre solo es amado y salvado por Dios, en tanto que es despreciado y rechazado por el mundo, mientras que los rebaños de seguros y hábiles se van contentos de su éxito a los mataderos de la muerte.

52". Sin embargo, el hombre casado es doblemente bendecido por Dios.
(*El Mensaje* 27, 52)

Las dos primeras partes del versículo describen el conflicto entre *este-mundo* y el *mundo-por-venir*, mientras que en la tercera parte se dice que, a pesar de todo, «el hombre casado es doblemente bendecido por Dios». La comprensión de esta frase debería ser alegórica, tal como se entendía en la Antigüedad, puesto que se refiere al encuentro del ser humano, ya sea hombre o mujer, con su compañía celeste, que aparece en la soledad íntima de aquel cuya vida se ha orientado a este fin.

En la tradición cristiana el Espíritu Santo ejerce la función de transmisor de la gracia divina. En otras tradiciones, en cambio, es la

---

1 Véase A.M. Haas, *Vientos de lo absoluto. ¿Existe una sabiduría mística de la posmodernidad?*, Madrid, Siruela, 2009, pp. 53 *ss*.

Virgen celeste quien lleva a cabo dicha función; entonces adquiere sentido la alegoría de la unión matrimonial entre el hombre terrestre y su compañera celeste. Cuando los eruditos del concilio de Nicea concibieron el misterio de la Trinidad para explicar la doble naturaleza de Jesucristo, desplazaron la figura de María fuera de la unidad trinitaria y de la función de transmisora de la gracia, que quedó bajo los auspicios del Espíritu Santo.

Temieron, quizá con razón, que se pudiera confundir a la madre del Dios encarnado con las diosas paganas que también eran madres de dioses, básicamente con la «Gran Madre», o Cibeles, como explica el teólogo Hans Belting al referirse a las discusiones sobre el significado de María que tuvieron lugar en los primeros concilios:

> Las tres personas de la divinidad habían provocado ya suficientes problemas al principio monárquico de un Dios único, y ahora entraba en juego, además, una mujer en el contexto de la definición divina. Para los teólogos, la naturaleza humana de la madre era imprescindible, pues solo ella podía garantizar la vida humana de Jesús; pero en su seno debía haber concebido a Dios mismo, si se quería mantener en pie la unidad completa como sujeto de la persona de Jesús.[2]

El empeño de aquellos teólogos por diferenciar a María de las diosas del cielo, ya que «solo ella podía garantizar la vida humana de Jesús», fue fundamental, pero a costa de ocultar su correspondencia celeste. Siglos más tarde, se intentó paliar este error con el dogma de la Inmaculada Concepción y dar una explicación indirecta a la correspondencia entre la Virgen terrestre y la celeste. No ocurrió lo mismo con los filósofos herméticos cristianos, que en todo momento explicitaron la relación de la Madre de Dios terrestre, la encarnada, con la celeste, denominada por ellos «Sabiduría» o «Alma» del mundo. El caso más evidente, sin duda, es el del médico, filósofo hermético y alquimista alemán Heinrich Khunrath (1560-1605), un discípulo de Paracelso que dedicó su obra principal, titulada *Amphitheatrum sapientiae aeternae,* a la Sabiduría, un libro extraordinario que contiene trescientos sesenta y cinco comentarios herméticos a otros tantos versículos del *Libro de la sabiduría* y del

---

2   H. Belting, *Imagen y culto. Una historia de la imagen anterior a la era del arte*, Madrid, Akal, 2009, p. 49.

Libro de los proverbios. También en *El Mensaje* se exhorta a buscar la gracia mariana que emana de la Sabiduría primera: «Sálvanos por la gracia de la Madre celeste» (*El Mensaje* 21, 36).

La Madre terrestre y la Madre celeste son inseparables; la Sabiduría celeste envía su gracia, que es su propio ser, y esta gracia se convertirá en la esposa del hombre solo. De este modo, puede entenderse la frase de *El Mensaje* en la que se afirma que el «hombre casado es doblemente bendecido por Dios»; es bendecido una primera vez, cuando recibe la gracia, y es bendecido de nuevo cuando se une íntimamente con ella.

En varios de sus artículos, Emmanuel d'Hooghvorst se refiere a la gracia mariana como la otorgada por la gran diosa Isis, la de los mil nombres según Apuleyo, y distingue a María, prototipo del personaje terrestre que da luz al Salvador, de la diosa primigenia y celeste, esposa de Osiris; por eso escribe lo siguiente: «Por Isis encendiendo al Osiris despreciado, se ligó pensamiento vivo».[3] «El Osiris despreciado» se corresponde con el hombre interior, solo, apagado y desmembrado por su enemigo —en este caso, Set—, hasta que recibe la ayuda de la Isis celeste, la gracia, que lo resucitará o lo encenderá mediante su unión secreta.

En una de sus cartas a Cattiaux, René Guénon se mostraba sorprendido por las afirmaciones del primero en torno a la alquimia y le escribió lo siguiente:

> Estamos del todo de acuerdo en lo que concierne a la sal; pero no me explico muy bien que hable usted de azufre terrestre y mercurio celeste; ¿no convierte esto la tierra en masculina y el cielo en femenino, contrariamente al simbolismo tradicional más generalmente admitido?

Pero entonces Guénon se matiza y añade entre paréntesis: «(Digo "más generalmente" porque parece que la tradición de los antiguos egipcios era una excepción)», y dicha matización ayuda a la comprensión de este tema.[4]

En un estudio sobre el determinismo astral y el don del cielo, Carlos del Tilo recogía un comentario de Clemente de Alejandría en el que se relacionaba a la estrella Sotis con Isis, y añadía: «Para

---

3   E. d'Hooghvorst, *El hilo de Penélope I*, op. cit., p. 339.

4   *Correspondencia completa...*, op. cit., p. 110.

los primeros cristianos, la gracia representa exactamente lo mismo que Sotis para los egipcios, o sea, la gran dama del Cielo, Isis».[5] Seguidamente, este autor citaba un pasaje de *La metamorfosis o el asno de oro,* de Apuleyo, en el que la diosa Isis se presenta a Lucio, el protagonista de la novela, con estas palabras:

> Soy la naturaleza, la madre de las cosas, dueña de todos los elementos, origen y principio de los siglos, divinidad suprema, reina de los manes, primera entre los habitantes del cielo, prototipo uniforme de los dioses y diosas. Soy yo, cuya voluntad gobierna las bóvedas luminosas del cielo, los soplos saludables del océano, el silencio lúgubre de los infiernos. Potestad única, soy, por el universo entero, adorada bajo diversas formas, con ceremonias diversas, bajo mil nombres diferentes.[6]

Isis, o la Sabiduría, acompaña al Creador al principio de la creación, habita con Él en el cielo y transmite su querer a los hombres. Después se convertirá en la esposa del hombre solo para dar a luz al Hijo divino. En el *Libro de los proverbios,* la Sabiduría habla en primera persona y dice: «Yo amo a los que me aman; y me hallan los que temprano me buscan» (Prov 8,17).

En general, a los hombres no les gusta estar solos y prefieren vivir en rebaños «donde todo se intercambia sórdidamente y donde nada se da de manera gratuita». Dar gratuitamente es dar y recibir por gracia, sin interés y por amor. La sabiduría del cielo se une con quien la ama de manera gratuita. El amor gratuito no solo despierta la emoción, sino también un hondo saber, puesto que es en la gratuidad donde puede albergarse la conciencia de existir. No hay un motivo previo, no hay una consecuencia lógica: solo la completitud del instante.

La tradición judía se asienta sobre el estudio de la Torá; y la Torá es la Sabiduría del cielo que, como una novia, se desposa con quien la ama. La siguiente historia talmúdica representa un excelente ejemplo de ello. Se cuenta que, cuando rabí Aba regresó de Babilonia a Israel, hizo proclamar el aviso siguiente: «¡Que aquel que desee adquirir riquezas y duración de los días en el mundo por venir, venga aquí

---

5 C. del Tilo, *El libro de Adán...*, op. cit., p. 162.
6 *Ibid.* Véase también L. Apuleyo, *La metamorfosis o el asno de oro*, Barcelona, Iberia, 1984, p. 233.

y se dedique a la Torá!». Los discípulos acudieron de todas partes para estudiar con él y entre todos ellos se hallaba un joven soltero de la vecindad llamado José, que se dedicó al estudio de la Torá con el deseo de adquirir las riquezas prometidas. Pasó el tiempo sin que ocurriera nada y José se empezó a desesperar, por lo que, un día, le dijo al maestro: «Rabí, ¿dónde está la riqueza prometida?». El maestro, sorprendido, se dijo: «Verdaderamente, ¡este hombre no es desinteresado!». Antes de contestarle se retiró a su aposento para pensar qué debía hacer con un discípulo como aquel. «Entonces oyó una voz que le decía: "¡Líbrate de castigarlo, pues será un gran hombre!"». El rabí hizo caso a la voz y animó al discípulo a que continuara estudiando, hasta que, pocos días después, apareció un hombre rico que no pudiendo estudiar, a pesar de desearlo, quería que alguien lo hiciera en su lugar y él, a cambio, le pagaría con generosidad. El rabí se lo encomendó a José con la promesa de la recompensa. Así:

> Y mientras uno se sentaba para dedicarse a la Torá, el otro le daba la riqueza.
> El tiempo transcurrió para el discípulo José. Las delicias de la Torá penetraron en sus entrañas. Un día, que estaba sentado, se echó a llorar; el maestro lo encontró deshecho en lágrimas.
> —¿Por qué lloras? —le preguntó.
> Y él le contestó:
> —¿Por qué habré intercambiado por riquezas la vida del mundo por venir? Ya no quiero estudiar en provecho de este hombre, sino que quiero que el mérito de la Torá me corresponda.
> Rabí Aba le respondió:
> —Ahora sé que has obrado de manera desinteresada.[7]

Es decir, ¡por fin has «obrado de manera desinteresada»!, por amor a la Torá, y por ello serás doblemente bendecido, pues has amado a la Torá y ella será tu esposa. He aquí la doble bendición.

---

7 Citado por E. d'Hooghvorst, *El hilo de Penélope I, op. cit.*, p. 278.

El Nombre de Dios

El judaísmo se articula en torno al conocimiento del Nombre de Dios, el Tetragrama. Hemos visto que en la tradición hermética este conocimiento es básico, pero habría que añadir un matiz, y es que, en ella, las cuatro letras del nombre se relacionan con los cuatro elementos. En el siguiente versículo de *El Mensaje* aparece esta concordancia hermética, que dice así:

22. El Padre-Dios es el NOMBRE de Dios inexpresado en el secreto del Agua-Dios.

22'. Dios está oculto en su NOMBRE.

23. El Agua-Dios es el NOMBRE de Dios que desciende y sube en sí mismo.

23'. Y su NOMBRE es la vida.

24. El Espíritu-Dios es el NOMBRE de Dios que se mueve en todos los sentidos sobre el Agua-Dios.

24'. Y su NOMBRE está vivo.

25. El Cuerpo-Dios es el NOMBRE de Dios que se manifiesta y se fija en el Agua-Dios.

25'. Y su NOMBRE se nutre de la vida.

25". Así, Dios es aquel que ES, por lo que ES, en lo que ES, para lo que ES. (*El Mensaje* 30, 22-25)

De la lectura de estos versículos pueden deducirse dos cosas: la primera es que el «Agua-Dios» constituye cierta materia a partir de la cual se produce la creación que transita desde lo «inexpresado en el secreto» hasta lo que «se manifiesta y se fija». Estos extremos que equivalen al primer y cuarto párrafo se relacionan respectivamente con el «Padre-Dios» y el «Cuerpo-Dios» (el Hijo). Entre ambos se encuentra el «Agua-Dios», que desciende y asciende, y el «Espíritu-Dios», que se mueve en todos los sentidos. En segundo lugar, puede entenderse que esta materia no solo está viva, sino que es la propia vida en tanto que se relaciona con el NOMBRE de Dios, lo que crearía un vínculo entre el NOMBRE y el soplo de Dios que dio la vida a Adán, según está escrito: «Y sopló en su nariz aliento de vida; y fue el hombre un alma viviente» (Gn 2,7).

En un diccionario hermético de 1695 se explica lo siguiente sobre la materia viva de donde todo surge y que tiene relación con el «Agua-Dios» que aparece en los versículos: «Hablando con propiedad, la verdadera materia de los metales separada de los cuerpos metálicos, no es más que un vapor, un agua viscosa y un espíritu invisible».[1]

Emmanuel d'Hooghvorst identificaba el «Agua-Dios» con el famoso mercurio de los alquimistas, y en *El hilo de Penélope (II)* recogía este clásico aforismo alquímico de Nicolaus Niger Napelius:

> La naturaleza del mercurio volante como la nieve, blanco y coagulado, contiene una virtud que vegeta que no es común: dicho mercurio es cierto *espíritu tanto del grande como del pequeño mundo*. Y de este mercurio procede y depende el movimiento y flujo de la naturaleza humana según el alma razonable.[2]

El alma razonable, llamada también «Alma del mundo», depende del NOMBRE y, este, del alma razonable; la unión de los dos manifiesta el Dios vivo, por lo que «Dios es aquel que ES, por lo que ES, en lo que ES, para lo que ES», es decir, el *ser-Dios* en la completitud. Debería añadirse que *ser-Dios* es la conciencia indiscernible del *ser-hombre*, pues al igual que el hombre es un ser vivo, es decir, participa de la vida, es también un ser consciente, es decir, participa de la conciencia. En este sentido, el *ser-Dios* sería precisamente la conciencia de la vida unida a la propia vida. Un resumen de lo dicho se halla en esta otra frase de *El Mensaje:* «Dios es la conciencia de la vida, y la vida es el cuerpo de Dios» (*El Mensaje* 12, 30).

No es posible separar a Dios del hombre, ni al hombre de Dios. Y, para no hacerlo, se debería superar la disyuntiva entre la vida y la muerte, es decir, se debería entender la inmortalidad. A eso alude el siguiente versículo: «La noche contiene al día. Lo muerto cubre lo vivo. Lo duro recibe lo blando. Así, Dios manifiesta la vida y la vida manifiesta a Dios» (*El Mensaje* 3, 60). En la vida está la divinidad y la muerte es el resultado de separar la vida de Dios, por lo que la muerte es, en esencia, un sinsentido.

---

1 William Salmon, *Dictionnaire hermétique*, París, L. d'Houry, 1695, p. 119.
2 E. d'Hooghvorst, *El hilo de Penélope II...*, *op. cit.*, p. 139.

El Nombre de Dios

La muerte es la falta del «Agua-Dios»; por eso la vida, durante la cual el ser humano disfruta de un préstamo del agua viva, conduce finalmente a la muerte. La muerte no es algo intrínseco ni de la misma naturaleza que la vida; en este sentido, los sabios han testimoniado que si se halla el «Agua-Dios» dejará de tener poder el sinsentido de la muerte.

La inmortalidad no representa una quimera, sino la misma esencia del *ser-Dios*, es decir: «aquel que ES, por lo que ES, en lo que ES, para lo que ES», y este SER no puede desaparecer como desaparece en el polvo de la tierra la carne animal. Así, se dice en un versículo de *El Mensaje:* «Hay algo que Dios no podría hacer: destruirse» (*El Mensaje* 12, 50). La conciencia (el NOMBRE) y la vida solo están separadas allí donde domina Esaú, la animalidad, sobre Jacob, el hombre divino; en tal caso sí domina la muerte sobre la vida, pero incluso en la muerte existe la posibilidad del reencuentro. El accidente de la separación es temporal y remediable, como se afirma en otro versículo: «El sabio sonríe incluso a la muerte. Sabe que ninguna parcela de Dios puede ser destruida» (*El Mensaje* 5, 58).

El remedio a la muerte es la resurrección, y no solo la anunciada después del Juicio Final, sino también la resurrección particular, cuando la conciencia y la vida pueden unirse. Recordemos la historia de Lázaro que narra san Juan en su evangelio:

> Jesús le dijo [a Marta]: «Tu hermano resucitará». Le dijo Marta: «Yo sé que resucitará en la resurrección, en el día postrero». Jesús le dijo: «Yo soy la resurrección y la vida; el que cree en mí, aunque esté muerto, vivirá. Y todo aquel que vive y cree en mí, no morirá eternamente. ¿Crees esto?». Ella le dijo: «Sí, Señor, yo creo que tú eres el Cristo, el Hijo de Dios que había de venir al mundo». (Jn 11,23-27)

Los cabalistas cristianos del Renacimiento estudiaron la relación entre los milagros de Cristo y su nombre. Entre ellos figura Jacques Gaffarel (1601-1681), quizá el más profundamente influido por Pico della Mirandola. En su obra *Profundos misterios de la Cábala Divina*, en la que estudia la importancia de la cábala, cita, entre otras, dos de las *Conclusiones* de Pico que relacionan los milagros de Cristo con el secreto de su nombre. A causa de ello, sus adversarios lo atacaron diciendo: «¡Pero la cábala utiliza pentáculos!», y Gaffarel les contestó:

> Y bien, ¿qué conclusión sacáis de ello? ¿Pueden condenarse signos que son la representación de las cosas divinas? ¿No ha enseñado Cristo que todo debía hacerse en su nombre? Pues este nombre, según el mismo Arcángelo de Burgonovo, no puede ser expresado más que por medio de letras escritas. Estas últimas son, precisamente, los signos a los que nos referíamos. Del mismo modo, en su pecho vibraba la palabra de Cristo: «Cualquier cosa que hagáis, sea en palabra, sea en acto, hacedla en nombre de Jesús» (Col 3,7).[3]

En los versículos que abren este apartado se dice: «Dios está oculto en su NOMBRE. / Y su NOMBRE es la vida. / Y su NOMBRE está vivo. / Y su NOMBRE se nutre de la vida», para enseñar que Dios necesita de un nombre y el nombre, a su vez, necesita de la vida, es decir, de la realidad creada, cuya culminación es el hombre consciente con un cuerpo sin mácula.

Desde la perspectiva del hombre caído, el milagro por excelencia es la resurrección de los muertos; por eso en un versículo se afirma lo siguiente: «Las tumbas de los hijos de Dios son tumbas vacías; jamás lo olvidemos, a fin de que nuestra fe subsista en el milagro de vida» (*El Mensaje* 34, 9). Sin el testimonio de los hijos de Dios, el hombre permanece en el olvido del *ser-Dios*, y no recuerda que debe buscar el agua de resurrección, tal como se dice en *El Mensaje:* «¡Oh, velo espeso que nos abraza, henos aquí como momias que no pueden alcanzar el agua de la resurrección, que no saben tender la mano hacia aquel que la ofrece gratuitamente y que ni siquiera ven su luz santa!» (*El Mensaje* 22, 12).

Si, como propone el versículo, Dios es «aquel que ES, por lo que ES, en lo que ES, para lo que ES», parece obvio que su SER es la vida sin la muerte, pues si en él habitara la muerte no sería todo SER, sino un ser» en el que participa el no-ser. Dicho de otro modo, el gran milagro no es la intervención divina en lo que no es divino, sino que el milagro, lo admirable, es la propia existencia de lo divino. Dios es su mayor milagro, que se da y se conoce en la conciencia del hombre.

---

3 J. Gaffarel, *Profundos misterios de la Cábala Divina*, Barcelona, Siete y Medio, 1981, p. 72.

El Nombre de Dios

Al principio del *Corpus hermeticum*, Poimandres instruye a Hermes Trismegisto acerca de los misterios de la resurrección del cuerpo. De su explicación destacamos este fragmento: «Luz y Vida es el Dios, el padre, del que el hombre nació. Si comprendieras que existes por causa de la vida y de la luz, que precisamente por ellas accedes a la existencia, regresarías de nuevo a la vida».[4]

La causa de la conciencia del hombre es el *ser-Dios* de Dios y este es también el misterio del *ser-hombre*: «Todos los misterios se reducen a una aterradora y admirable realidad: «Dios en nosotros, nosotros en Dios» (*El Mensaje* 8, 23).

---

4 H. Trismegisto, *Textos herméticos*, Madrid, Gredos, 1999, p. 87.

El amor

Durante el viaje al más allá de los antiguos egipcios se celebraba la ceremonia del pesado de las almas conocida como *psicostasia*. En un plato de la balanza, el dios Anubis colocaba el corazón del muerto y, en el otro, una pluma de Maat, la diosa de la verdad y la justicia. El corazón, que albergaba la conciencia y las acciones del difunto, debía confrontarse con la verdad y la justicia de dichas acciones y pesar al menos como la pluma de Maat. Curiosamente, en el siguiente versículo de *El Mensaje* se alude a este juicio, en el que lo que salvará al ser humano será el amor de Dios:

> El amor de Dios, que parece tan irrisorio a los astutos de este mundo, es lo que nos salvará en el día del juicio. Porque no nos presentaremos con el corazón y las manos vacías. «¡Oh, extrema sorpresa del peso de la luz de vida!». (*El Mensaje* 31, 2)

El corazón que pesa es aquel en el que la conciencia ha despertado gracias al amor de Dios. «Lo que parece irrisorio a los astutos» es la luz de vida corporificada que nos salvará en el día del juicio «porque no nos presentaremos con el corazón y las manos vacías». En otro versículo de *El Mensaje* se explica la relación entre el amor y la luz, ya que es el amor de Dios el que enciende la luz del conocimiento: «El amor de Dios, que proporciona la iluminación al hombre, conduce al conocimiento único» (*El Mensaje* 7, 4).

Cuando Emmanuel d'Hooghvorst citaba las siguientes palabras de Jesús recogidas por Juan: «Un mandamiento nuevo os doy: que os améis unos a otros; que como yo os he amado, así también os améis unos a otros» (Jn 13,34), subrayaba siempre la frase «como yo os he amado», pues, según D'Hooghvorst, el modo en el que Jesús ama es diferente del de los hombres sin filiación espiritual. El amor sagrado y el amor profano tienen el mismo origen, pero se manifiestan de forma distinta y el resultado también es diferente. *El Mensaje* se refiere a ello en el versículo siguiente: «"Cuando os améis como yo os amo, seréis uno conmigo", dice el Señor de la unidad del amor» (*El Mensaje* 20, 13).

En la España de finales del siglo XVI surgió un importante movimiento espiritual —a menudo silenciado por la Iglesia oficial—, cuyos miembros eran conocidos como *alumbrados* o *dejados,* que dejaban o renunciaban a su propia voluntad y actuaban movidos únicamente por el amor de Dios. Solo Él dictaba su conducta. Marcel Bataillon se encontró con este movimiento al estudiar la influencia de Erasmo en España y dio una clave importantísima para comprender qué entendían estos místicos por el amor de Dios; estas fueron sus palabras:

> el amor de Dios, para quien sabe comprenderlo, no es solo la culminación de la vida espiritual, sino también su principio. Es divino por su fuente lo mismo que por su objeto. Dios es el único que puede infundir en los hombres un amor digno de Él. Tal es, sin duda, el sentido de la impresionante fórmula atribuida a [Pedro Ruiz de] Alcaraz: «El amor de Dios en el hombre es Dios».[1]

La afirmación de que el «amor de Dios en el hombre es Dios» permite intuir el sentido de las palabras que Juan pone en boca del Salvador: «amaos como yo os he amado» (Jn 13,34), pues ya no es el hombre exterior quien ama, sino el *Dios-que-está-en-el-hombre,* que se ha despertado y actúa ante el dejamiento del hombre exterior.

Se ha comparado a los alumbrados castellanos con los místicos alemanes de los siglos XVI y XVII, tal como hizo Michel de Certeau en su obra *La fábula mística,*[2] en la que se refiere a los místicos españoles, como santa Teresa de Jesús, san Juan de la Cruz o Miguel de Molinos, así como a los de la escuela del Maestro Eckhart en Alemania. La experiencia mística buscaba «el amor de Dios», ya que de este amor nacía el *ser-Dios.* La poesía de san Juan de la Cruz quizá constituya el ejemplo más bello y profundo:

> ¡Oh llama de amor viva,
> que tiernamente hieres
> de mi alma en el más profundo centro!
> Pues ya no eres esquiva,
> acaba ya, si quieres;
> rompe la tela de este dulce encuentro.

---

[1] M. Bataillon, *Erasmo y España, estudio sobre la historia espiritual del siglo XVI,* Madrid, FCE, 1986, p. 171.
[2] Véase M. de Certeau, *La fábula mística (siglos XVI-XVII),* Madrid, Siruela, 2006.

El amor

En los comentarios en prosa, san Juan de la Cruz insiste en que la llama de su poema es el Espíritu Santo: «al cual siente ya el alma en sí, no solo como fuego que la tiene consumida y trasformada en suave amor; sino como fuego que, demás de eso, arde en ella, y echa llama».[3] No se trata de un fuego que prende en el madero del alma, sino que «la llama de amor viva» es la misma alma encendida en amor. Imposible aludir de un modo más claro al nacimiento del *ser-Dios*. San Juan de la Cruz insiste en la diferencia «que hay entre la transformación en amor y la llama de amor, es la que hay entre el madero inflamado y la llama de él; que la llama es efecto del fuego que allí está». El despertar de la simiente divina no es el madero en llamas, sino la realidad del nacimiento del fuego, es decir, de la nueva generación.

En relación con el fuego, resulta imposible no recordar aquí al Maestro Eckhart y su concepto de «la chispa del (o en el) alma» *(scintilla in anima)*, a la que Eckhart aludía en sus sermones y que, según escribe Ernst Benz, procedía de una experiencia:

> La idea de la chispa del alma tiene un sentido particular, no es en él un descubrimiento intelectual, sino que nace de una experiencia mística personal, de la experiencia propia de la unión mística con Dios. [...] En esa chispa donde se realiza la unión entre Dios y el alma humana, donde Dios y el alma se tocan. En esta chispa, el propio Dios engendra a su Hijo, allí se realiza, se actualiza totalmente, allí entra con toda la plenitud de su ser.[4]

Este sería el sentido de las palabras de *El Mensaje*: «El amor de Dios... nos salvará en el día del juicio. Porque no nos presentaremos con el corazón y las manos vacías», o como afirmaban los alumbrados: «El amor de Dios en el hombre es Dios». El Dios trascendente y exterior poco tiene que ver con la experiencia descrita en *El Mensaje*, y mucho menos el Dios pensado, fruto del deseo del hombre. «Lo que hemos hecho con nuestras manos vacila y ya se derrumba detrás de nosotros, pero lo que hemos de hacer con nuestro corazón puede volverse imperecedero como la piedra celeste» (*El men-

---

3 J. de la Cruz, *Poesía completa y comentarios en prosa*, Barcelona, Planeta, 1996, pp. 340-341.
4 E. Benz, *Mística y romanticismo. Las fuentes místicas del Romanticismo alemán*, Madrid, Siruela, 2016, pp. 35-37.

saje 20, 63). Dios engendra a su Hijo en el corazón del hombre, y al Hijo se alude como «la piedra del ángulo o celeste», que san Pablo identifica con el Salvador: «edificados sobre el fundamento de los apóstoles y profetas, siendo la principal piedra del ángulo Jesucristo mismo» (Ef 2,20).

Por «el amor de Dios» tiene lugar el segundo nacimiento y, con él, el advenimiento de Dios en el mundo. Los antiguos lo llamaron *palingenesia*. Durante una conferencia en la Sorbona, Charles d'Hooghvorst leyó algunas notas manuscritas de Cattiaux en las que relacionaba la alquimia con el nuevo nacimiento: «La "palingenesia" es el término más elevado de la alquimia, como la "crisopeya" [la fabricación de oro] es el más bajo... [la alquimia] es la llave de oro que abre el secreto tradicional, que es la regeneración de la creación caída».[5]

«Busca el corazón, cuece el corazón, separa el corazón, une el corazón, siembra el corazón. Así, tendrás el corazón que no perece» (*El Mensaje* 36, 86).

---

[5] Citado por C. d'Hooghvorst, «El Verbo perdido y reencontrado», en R. Arola, *Creer lo increíble...*, *op. cit.*, p. 192.

La apocatástasis

Los versículos que aparecen en *El Mensaje* tienen varios niveles de lectura: el primero es el literal y los siguientes responden a interpretaciones alegóricas cada vez más profundas hasta alcanzar su núcleo secreto. El versículo que viene a continuación, y que se refiere a una restauración, en apariencia exterior, constituye un ejemplo muy evidente de las distintas lecturas posibles en torno a un significado nuclear.

> 33. ¡Oh, pueblo de Dios que tanto has brillado en el mundo!, ¿no volverás a levantar la antorcha del espíritu que se extingue sobre la tierra?
>
> 33'. Y ¿no colocarás de nuevo los libros santos sobre el altar del esplendor celeste descendido hasta ti? (*El Mensaje* 31, 33)

Cuando en *El Mensaje* se habla del «pueblo de Dios que tanto ha brillado en el mundo» se refiere a Francia, que, desde muy antiguo, se proclamó la nación más devota de la Virgen, *Notre-Dame-de-l'Assomption (Assumptio Beatæ Mariæ Virginis)*. Así, en la Edad Media, Francia se convirtió en un lugar destacado del culto mariano, por lo que se empezó a llamar al país «la Hija mayor de la Iglesia» y el reino de Francia pasó a conocerse popularmente como «el reino de María».

El versículo apela a este pasado galo para «levantar la antorcha del espíritu» caído a causa de la impiedad, la soberbia y la ignorancia del mundo moderno, incluso por la incompetencia del clero, que había perdido la relación directa con Dios: «Cuando los clérigos dejan caer la antorcha de Dios —se afirma en otro lugar—, corresponde a los creyentes recogerla y volver a colocarla sobre el altar para que ilumine de nuevo el mundo entenebrecido» (*El Mensaje* 21, 12).

Pero ¿a qué se refiere esta antorcha que ha sido desplazada de su lugar? Parece evidente que no alude a un fuego exterior, sino al fuego crístico que aparece en la lectura alquímica del acrónimo I.N.R.I.: *Igne Natura Renovatur Integra* («Toda la naturaleza se renovará por el fuego»). La creación se renueva por el fuego siempre y cuando este se halle en su lugar; en caso contrario, «se extingue sobre la tierra» o yace despreciado sin que pueda manifestar su brillo purísimo. Por eso es necesario devolverlo a su lugar para «que ilumine de nuevo el mundo entenebrecido». No se habla aquí de un rito exterior, sino de la restauración de aquello que tendría que ser lo propio del ser humano, y que es su esplendor celestial, esto es, lo que Orígenes denominaba la «apocatástasis», es decir, la restauración de lo humano en Dios.

La antorcha que debe ser devuelta a su lugar también recuerda la caída del ángel portador de luz, Lucifer. Su historia es muy ilustrativa y san Jerónimo es el primero que alude a ella cuando traduce la palabra hebrea *jeilel*, que significa «lucero de la mañana», por «Lucifer»; se trata del siguiente fragmento, en el que Isaías clama:

> ¡Cómo caíste del cielo, oh Lucifer, hijo de la mañana... Tú que decías en tu corazón: «Subiré al cielo, en lo alto, junto a las estrellas de Dios levantaré mi trono, y en el monte del testimonio me sentaré, a los lados del norte. Sobre las alturas de las nubes subiré, y seré semejante al Altísimo!». (Is 14,12-14)

La soberbia de Lucifer lo conduce a querer ser como Dios y entonces se produce la catástrofe, pues, en vez de ascender al cielo, es precipitado al infierno. En el Corán se explica lo mismo de Iblis, otro nombre para denominar a Lucifer: él también fue expulsado del cielo por no obedecer la orden divina de adorar al ser humano.

Lucifer representa la luz original, «la antorcha del espíritu», caída en este mundo, en donde ya no brilla, sino que solo se consume. En *El Mensaje* se reclama al pueblo de María que recoja esta antorcha y la restituya en su lugar para iluminar al mundo con su verdadera luz, pues, como se dice en otra serie de versículos,

> El mundo actual no es real ni irreal, ni bueno ni malo. Está formado por una porción de la luz divina infinitamente fraccionada en las tinieblas del no ser. He aquí la caída de Lucifer y el exilio de Adán. El retorno a Dios es como la separación de entre las tinieblas y como la reunión con la luz primordial. (*El Mensaje* 9, 5-8)

La luz divina «se extingue sobre la tierra» a causa de la soberbia del ser humano. La caída de Lucifer no representa una metáfora de los antiguos libros heterodoxos, sino una realidad presente que nos concierne, pues esta luz es la que agoniza en el fondo de cada hombre, «infinitamente fraccionada y ahogada en las tinieblas del no ser».

En la Segunda epístola de Pedro se alude a esta luz enterrada en el corazón del hombre:

> Y nosotros oímos esta voz enviada del cielo, cuando estábamos con Él en el monte santo. Tenemos además la palabra profética más segura, a la cual hacéis bien de estar atentos como a una lámpara que alumbra en lugar oscuro hasta que el día esclarezca, y la estrella de la mañana [Lucifer en la Vulgata] salga en vuestros corazones. (2 Pe 1,18-19)

En *El Mensaje* se advierte en contra de la actitud de los creyentes pusilánimes que condenan a Lucifer sin buscar su redención, ya que lo más efectivo sería rogar con amor por la conversión de este ángel caído y animarlo para que se someta a su Creador. Así, «levantar la antorcha del espíritu» equivaldría a liberar la semilla celeste que yace en el interior del corazón del hombre para que germine y se convierta en el gran árbol de la creación de Dios.

En su libro titulado *Tratado del fuego y de la sal*, Blaise de Vigenère (1523-1596), continuador y recopilador de la sabiduría cabalística y alquímica que floreció durante el Renacimiento, analizó de manera exhaustiva los distintos estados del fuego. Entre sus páginas se encuentra una reflexión proveniente del *Sefer ha-Zohar* sobre el fuego doble que consume y que alumbra. Estos dos fuegos, o fuego doble, aparecen al contemplar una vela, el primero, que asciende, es sutil y no tiene ningún contacto con la materia, se asienta sobre el otro, que no asciende, y permanece unido a la materia. La cita del *Sefer ha-Zohar* escrita por Blaise de Vigenère es la siguiente:

> Pero en esta llama que asciende hay dos luces: una blanca que brilla y alumbra, que tiene su raíz azul, y la otra roja que está adherida a la madera o a la mecha de la vela que quema. La blanca sube directamente hacia arriba y debajo permanece firme la roja sin separarse de la materia, que administra de qué arder y brillar a la otra; una quemando, la otra quemada, y convirtiéndose en la que domina, a saber, la blanca, que permanece siempre similar a sí misma sin cambiar, ni variar como hace la otra. [...] Al contrario, la luz blanca, que unida a ella, no queda amortecida para siempre, sino que se va libremente a lo alto y vuelve al lugar propio de su

mansión, después de haber cumplido su acción aquí abajo, sin cambiar su resplandor en otro color que no sea el blanco.[1]

El texto original del *Sefer ha-Zohar* es aún más preciso: «Cuando están bien fijadas, la luz blanca se vuelve el trono de una luz oculta, no aparente e incognoscible, de modo que ella reposa sobre la luz blanca. La luz entonces es perfecta. Así es el hombre completo en todos los sentidos».[2] La luz de la antorcha completa y colocada en su lugar es perfecta, es la vía recta que conduce al ser humano en su retorno a la fuente divina. La siguiente frase de *El Mensaje* constituye más que una metáfora: «la alabanza a sus corazones [de los que buscan la ciencia de Dios] subirá hacia el Altísimo como la pura llama de la ofrenda santa» (*El Mensaje* 24, 4). La alabanza es como la llama blanca e imperturbable asentada sobre su trono, que retorna a su origen, que es Dios.

Además del levantamiento del fuego caído, de su restauración, en el versículo se propone lo siguiente: «Y ¿no colocarás de nuevo los libros santos sobre el altar del esplendor celeste descendido hasta ti?». *Altar* es una palabra que procede del latín *altar*, de *altus* «elevación» y se refiere a una estructura consagrada al culto religioso, sobre la que se hacen ofrendas o sacrificios. En el altar están, o deberían estar, los libros santos, es decir, la palabra encarnada. Sobre el altar de las ceremonias masónicas se hallan las llamadas «tres luces»: la escuadra, el compás y la Biblia, abierta por la primera página del Evangelio según san Juan, pues la palabra es como el fuego descendido del cielo que se ha encarnado para la salvación de los hombres. El altar representa asimismo la piedra cúbica de la masonería, que surge de la piedra bruta y soporta la piedra piramidal, la culminación de la obra. En *El Mensaje* se hallan una serie de versículos dedicados a esta piedra original aún sin pulir: «Las cenizas de los creyentes y de los caritativos que mueren confirmados en su fe y en su amor en Dios, serán reunidas a fin de ser honradas en cada hogar, sobre el altar de piedras brutas consagrado a Dios» (*El Mensaje* 27, 9).

En la tradición masónica, los aprendices pulen la piedra bruta hasta convertirla en una piedra bien tallada, la llamada «piedra cúbica», de la que surgirá la llama de pureza en forma de pirámide; se dice en otro versículo de *El Mensaje*: «La piedra de fundamento

---

1 B. de Vigenère, *Tratado del fuego y de la sal*, Barcelona, Índigo, 1992, p. 17.
2 *Sefer ha-Zohar I*, 83b.

es una piedra cúbica y la piedra cumbre es una piedra piramidal» (*El Mensaje* 26, 50).

Hay una etimología popular que relaciona la pirámide con el fuego, pues la palabra «pirámide» procedería del griego *pyra* («hoguera», «fuego»), del mismo modo que, en castellano, se denomina «pira funeraria» a la hoguera en la que se quemaban los cuerpos de los difuntos. Según otra, ciertamente muy poco científica, la palabra castellana «pureza» provendría del griego *pyr*, esto es, «fuego».

En muchas tradiciones se vigila el fuego ritual para que nunca se apague, como símbolo de la presencia siempre viva de la luz celeste encarnada en el fuego. También representa la imagen del hombre realizado que retorna a Dios como una llama que se eleva. El hombre, como ser de fuego, se reencuentra con Dios y se reconoce como parte activa del *ser-Dios*.

A modo de conclusión, nos parece muy adecuado reproducir un nuevo fragmento del *Tratado del fuego y de la sal* de Blaise de Vigenère, en el que, después de explicar el papel purificador del fuego en la obra alquímica, su autor escribe lo siguiente:

> [Es] cosa admirable que estos Filósofos Químicos bajo el velo y cobertura de este arte y tratando de las cosas materiales como los metales y lo que de ellos depende, con sus transmutaciones por el fuego, hayan comprendido los más altos secretos de los inteligibles, e incluso de la resurrección, a lo cual parece esto se referirse, en la cual los cuerpos serán glorificados y convertidos en una naturaleza espiritual.[3]

---

3 B. de Vigenère, *Tratado del fuego y de la sal, op. cit.*, p. 95.

El fanatismo

Cualquier fanatismo, ya sea del pasado, del presente, o, por desgracia, del futuro, no es más que una degeneración de la vida del espíritu, puesto que supone una desmesura nociva que solo se explica por la ignorancia de los fundamentos que trata de defender. En *El Mensaje* es calificado de «ciego», ya que no alcanza a ver el origen de lo que defiende por exceso, como se expone en el siguiente versículo:

> El fanatismo ciego es ante Dios como la incredulidad y como la impiedad, pues impide conocer el manantial de la gracia y descubrir el océano del amor.
>
> Cuando conozcamos el origen y la base de la vida divina, estaremos agradecidos y seremos humildes para siempre en el Señor reencontrado. (*El Mensaje* 34, 57)

En la etimología de la palabra «fanático» encontramos una clave interpretativa muy interesante; en Roma, los «fanáticos» eran aquellos que se entregaban en cuerpo y alma a la vida religiosa, es decir, al *fanum*, el santuario. En un principio, solo aludía a un «lugar consagrado», relacionado con el verbo *fari*, «hablar». El sentido peyorativo se debe a los autores cristianos, quienes consideraron los santuarios paganos como lugares idolátricos donde solo se proclamaban falsedades.[1]

La etimología nos permite comprender la perversión de una realidad que, en su origen, se refería al lugar donde se pronunciaba la palabra divina y que, después, degeneraría por ignorancia. En este sentido, resulta interesante la leyenda masónica que identifica al «fanático» con uno de los malvados compañeros que mataron a Hiram, el mítico maestro de los constructores del Templo, pues ilustra a la perfección esta y todas las perversiones espirituales. La leyenda cuenta que el rey Salomón confió la construcción del templo de Jerusalén al arquitecto fenicio Hiram. Este, ante la gran cantidad de obreros que trabajaban en él, estableció una jerarquía dividiéndolos en aprendices, compañeros y maestros —que son los

---

[1] Véase A. Ernout y A. Meillet, *Dictionnaire étymologique de la langue latine*, París, Klincksieck, 1985; voz: *fanum*.

tres grados que todavía subsisten en la actualidad en la masonería simbólica—; una palabra secreta, a modo de contraseña, permitía a los maestros reconocerse y distinguirse de los demás. Sin embargo, tres compañeros, encarnaciones de «la ignorancia, el fanatismo y la ambición», unos defectos que se oponen de manera frontal a las virtudes propias de un maestro, es decir, «la instrucción, la tolerancia y el perfeccionamiento moral», tendieron una emboscada al gran maestro Hiram para que les revelara por la fuerza la palabra secreta y así poder ser contados entre los miembros del grado superior sin merecerlo. Finalmente, y ante la negativa de Hiram de revelarles el secreto, lo asesinaron. El primero lo golpeó con su regla, el segundo con su escuadra y el tercero lo derribó de un mazazo en la frente.

Al día siguiente, los masones fieles, después de buscarlo durante mucho tiempo, descubrieron su cadáver gracias a una rama de acacia que había brotado en el lugar en el que lo habían enterrado. La leyenda termina con la resurrección del cadáver de Hiram, gracias a la celebración de un ritual secreto.

Vemos, pues, que el fanatismo va ligado a la ignorancia (del *mundo-por-venir*) y a la ambición (de *este-mundo*), es decir, a aquello que cierra los ojos y el corazón a todo lo que pertenece a la vida divina, como indica la segunda parte del versículo de *El Mensaje*. El fanatismo ciego es el asesino del «manantial de la gracia y del océano del amor», pues impide la búsqueda del origen de *lo-que-es-divino-fuera-del-hombre* para que pueda aparecer *lo-que-es-divino-en-el-hombre*. Es imposible que el hombre se acerque a Dios si no es a partir de una apertura de sus sentidos puros e interiores, algo que es del todo contrario a la ceguera de quien cree poseer la verdad solo por seguir exteriormente una religión o una revelación; por eso *El Mensaje* se refiere al «fanatismo ciego». La verdad solo aparece desnuda ante quien ha buscado a tientas, ha dudado y ha amado.

El fanático es, al igual que los compañeros que asesinaron a Hiram, un ambicioso y un ignorante puesto que busca exaltar su *ego* caído, en vez de buscar «el origen y la base de la vida divina». Si el ser humano buscara este origen, como se dice en el versículo, se volvería humilde y agradecido, pues ya no tendría nada que imponer a nadie salvo a *sí-mismo*, y en el *sí-mismo* se halla la vida divina.

La leyenda de la muerte de Hiram es admirable, ya que muestra cómo los malos compañeros son aquellos que quieren violentar la verdad que se esconde dentro del corazón. Quizá no la nieguen, pero quieren apoderarse de ella por la fuerza, sin respetar los tiempos de

El fanatismo

un crecimiento natural. En la vida espiritual no se puede forzar nada. Así, podemos leer en otro versículo: «No fuerces a la Deseada, amigo mío, pues si ha de venir hacia ti, ya se manifestará por sí misma. El Señor sabe lo que hace y tú aún lo ignoras» (*El Mensaje* 19, 63). No hay nada, ni puede haberlo, obligado o impuesto en la vía del encuentro entre Dios y el hombre; si así no fuera, lo encontrado sería solo una imagen creada por el mismo hombre, es decir, otro tipo de idolatría. El Maestro Eckhart, en uno de sus más célebres sermones, advierte en contra de la idolatría del yo fuera de Dios y de la idea de Dios creada por el hombre:

> Por eso decimos que el hombre debería permanecer tan pobre que ni él mismo fuera un lugar, ni lo tuviera, en donde Dios pudiera actuar. En la medida en que el hombre conserva un lugar en sí mismo, entonces conserva [todavía] diferencia. Por eso ruego a Dios que me vacíe de Dios, pues mi ser esencial está por encima de Dios, en la medida en que comprendemos a Dios como origen de las criaturas. En aquel ser de Dios en donde Dios está por encima del ser y de toda diferencia, allí era yo mismo, allí me quise a mí mismo y me conocí a mi mismo en la voluntad de crear a este hombre [que soy yo]. Por eso soy la causa de mí mismo según mi ser, que es eterno, no según mi devenir, que es temporal. Y por eso soy no nacido y en el modo de mi no haber nacido no puedo morir jamás. Según el modo de mi no haber nacido he sido eterno y lo soy ahora y lo seré siempre. Lo que soy según mi nacimiento debe morir y aniquilarse, pues es mortal; por eso debe desaparecer con el tiempo. En mi nacimiento [eterno] nacieron todas las cosas y yo fui causa de mí mismo y de todas las cosas, y si [yo] hubiera querido no habría sido ni yo ni todas las cosas; pero si yo no hubiera sido, tampoco habría sido Dios: que Dios sea Dios, de eso soy yo una causa; si yo no fuera, Dios no sería Dios. Esto no es preciso saberlo.[2]

Dios y el hombre (regenerado) comparten identidad: «si yo no fuera, Dios no sería Dios», exclama Eckhart. Este es un modo extraordinario de referirse a «la vida divina». Dios no puede ser un apriorismo para el hombre, puesto que esta idea lo conduce de manera inevitable a «la incredulidad» y a «la impiedad», que son unas actitudes comparables «al fanatismo». El hombre cree conocer a un

---

2 Maestro Eckhart, *El fruto de la nada*, Madrid, Siruela, 1999, pp. 79-80.

Dios celeste y lejano mediante unas imágenes exteriores que son un obstáculo para que el «manantial de la gracia» alcance el corazón del fiel y lo lleve hasta el «océano del amor». El manantial es el origen, el océano, el final en el que concurren, unidos, el hombre y Dios.

«El fanatismo ciego», por muy religioso que sea, no es divino, pues es lo que impide que se realice la unión entre Dios y el hombre. Hiram, el arquitecto del templo de Salomón, cuyo nombre en hebreo significa «vida elevada» o «vida de arriba», fue asesinado por la ignorancia, el fanatismo y la ambición, es decir, por unos errores que impiden que la pureza de la vida celeste pueda albergarse en el corazón del buscador.

No puede haber tolerancia para el fanatismo, ya que, en el fondo, su actitud consiste en querer tomar el cielo por asalto, sin buscar primero el misterio escondido en la creación. Por eso está escrito en otro lugar de *El Mensaje:* «Buscábamos en el cielo la piedra gloriosa de la coronación, pero el Señor nos ha hecho ver la piedra humilde del fundamento que se encontraba a nuestros pies, a fin de que la recojamos en las tinieblas de la muerte y la llevemos a la luz de la vida» (*El Mensaje* 27, 10).

Alcanzar al cielo sin rescatar el *sí-mismo* equivale a querer llegar a la verdad por medio de la mentira. El *sí-mismo*, aprisionado en el infierno del tiempo, necesita ser liberado para habitar en la eternidad —«el océano del amor»—. El fanático es aquel que, ignorando el misterio del *sí-mismo*, se lanza hacia el cielo directamente contando solo con sus propias fuerzas: «Queriendo ir directamente a la luz corremos el riesgo de extenuarnos contra el vidrio de la razón humana y no sentir la corriente de aire de la inspiración divina que viene de la puerta estrecha, escondida en la sombra de nuestra prisión terrestre» (*El Mensaje* 18, 45).

«La corriente de aire de la inspiración divina» sería precisamente aquello que el fanático no puede percibir. El misterio de Dios es el de la existencia del hombre, tal como se desprende de las palabras de Eckhart: «Si yo no fuera, Dios no sería Dios». Dios es la esencia y la sustancia del hombre, pero están ocultas. Por eso, demasiado a menudo se diviniza lo que en el hombre no es divino y así se vive en la idolatría.

El fanático —pagano, masón, hindú, cristiano, etc.— teme la gnosis por encima de todo. Desconoce el sentido del viaje hacia lo más bajo, lo más humilde y, en cierto sentido, lo infernal. Es evidente que hay un riego en el descenso a los infiernos, pero es la condición previa para alcanzar el cielo. Así se explica en otro versículo: «No hay ningún peligro en rezar a fin de recibir el don de Dios, pero hay uno considerable en intentar descubrir el secreto del Único. Muchos han encontrado en ello la impiedad, la locura o la muerte» (*El mensaje* 27, 6).

Ser consciente del *ser-que-es-Dios-en-el-hombre* constituye el desafío fundamental de la existencia y, en consecuencia, de la religión y del conocimiento. En *El Mensaje* se insiste en ello: «hemos recordado a todos el Señor que espera pacientemente en nuestros corazones oscurecidos» (*El Mensaje* 36, 98). Encontrarlo equivale a «descubrir el secreto del Único», es decir, la reunión de *lo-que-es-divino-fuera-del-hombre* con *lo-que-es-divino-en-el-hombre*. En esta reunión existe el *ser-Dios*.

Otro versículo termina con esta exclamación: «¡Qué humor tan asombroso hacer guardar y transmitir así su tesoro por fanáticos ciegos, para ofrecerlo en secreto a quienes él ama y que lo veneran en su corazón!» (*El Mensaje* 23, 38). En este caso, se refiere a los malos servidores que han transformado el misterio del *ser-Dios* en una moral ciega, exterior y fanática, pero que, sin embargo, guardan y transmiten los textos y los ritos que fundamentan las distintas tradiciones para que los humildes buscadores puedan reconocer en ellos el *ser-Dios*. Y es que el problema reside en que: «Muchos están dormidos hasta el punto de olvidarse en ocupaciones vanas o siniestras, y muy pocos están lo suficientemente despiertos como para buscarse en los libros santos y encontrarse bajo el velo de la creación mezclada» (*El Mensaje* 18, 35). Este es el drama del hombre exterior: por culpa de su ignorancia, de su pereza y de su fanatismo, se ve privado de aquello que más se esfuerza en defender.

El mundo y el reino

En *El Mensaje* se habla de «los verdaderos creyentes de Dios». Con esta expresión se refiere a aquellos que buscan y encuentran la base de su fe y no a aquellos que se instalan tranquilamente en su religión como si esta fuera uno más de los asuntos del mundo. Indagar, buscar y encontrar —si fuera el caso, pero esto ya no depende solo del buscador— el fundamento de la fe obliga a la soledad del espíritu y al abandono de los sistemas con recetas para la salvación. La búsqueda de lo divino constituye la única función del *ser-hombre* y, para ello, en todas las tradiciones espirituales se propone el abandono o el dejamiento. Los que lo practican son «los verdaderos creyentes de Dios [que] soportan el mundo, pero no contemporizan con él», tal y como se afirma en el siguiente versículo:

> Los verdaderos creyentes de Dios soportan el mundo, pero no contemporizan con él, porque su objetivo no es instalarse aquí, sino más bien buscar en él la entrada oculta del reino que no perece.

> Lo que pensemos y lo que hagamos en el mundo importa poco, en definitiva, lo que en él encontremos de Dios es lo único que contará para nuestro salvamento final; he aquí lo que es duro para muchos tranquilizados. (*El Mensaje* 34, 30)

Hemos visto con anterioridad que, en sus sermones, el Maestro Eckhart enseña que el abandono o el dejamiento comportan una separación de lo que es de Dios y de lo que es del mundo para alcanzar una conversión del espíritu a partir de lo separado, del extrañamiento de uno mismo. Amador Vega se refiere a ello en un estudio sobre este autor, en el que explica lo siguiente:

> El aspecto de la separación conducirá a Eckhart a la expresión *abegescheidenheit* (ser separado), que conserva la idea de una muerte moral del espíritu y un proceso de extrañamiento y enajenación que está en la base de la expresión *durchbruch* (brecha), otra de las formas de negación empleadas por Eckhart, que indica la «ac-

ción-pasión» de atravesar el mundo de lo creado de las imágenes y un irrumpir en la divinidad.[1]

Carlos del Tilo se refirió en uno de sus escritos al significado de la palabra hebrea que designa al santo, *kadosh*, y que coincide con el pensamiento del Maestro Eckhart, como vemos a continuación:

> Según la tradición, los hebreos, y en particular Abraham, son «los que han pasado» el río Jordán, y por ello están «separados» del resto del mundo. El mundo se encuentra a un lado del río y al otro se hallan Abraham y los descendientes de Ever. En el Evangelio, vemos que Jesús también está más allá del Jordán. De este modo, simbólicamente, los hebreos representan a los santos separados del resto del mundo. En lengua hebrea, la palabra *santo* proviene del verbo *kadosh*, que en modo *hifil* significa «separado». El santo es, pues, etimológicamente, «el que se encuentra separado del mundo profano».[2]

El Maestro Eckhart lleva esta noción a sus últimas consecuencias, pues la separación o la salida de sí es aquello imprescindible para encontrar a Dios; el proceso, sin embargo, es paradójico, ya que, como continúa explicando el profesor Vega:

> Si Eckhart proclama la conversión por la salida de sí... insiste en que esta salida no es al exterior [...]. La intención del abandono, propiamente una ausencia total de intención y de cualquier tipo de propiedad o atributo, es permitir la entrada, concepción y nacimiento del Verbo divino.[3]

La brecha de la que habla el Maestro Eckhart equivale a «la entrada oculta» del versículo de *El Mensaje*. Allí nace el Verbo. En el misterioso pesebre se agrieta el velo del mundo exterior que cubre la realidad y descubre este lugar oculto que, por un momento, deviene visible, permitiendo que se manifieste la divinidad.

El desapego provoca escándalo en el devenir del mundo exterior, no tanto por las exigencias físicas y psíquicas que comporta,

---

[1] *Ibid.*, p. 14.
[2] C. del Tilo, *El libro de Adán...*, *op. cit.*, p. 43.
[3] Maestro Eckhart, *El fruto de la nada, op. cit.,* p. 15.

que también, sino por algo que tiene que ver con el versículo que hemos visto al principio: «Lo que pensemos y lo que hagamos en el mundo importa poco en definitiva», así como con la continuación: «lo que en él encontremos de Dios es lo único que contará para nuestro salvamento final».

En todas las tradiciones se habla de un lugar secreto, subterráneo, que da acceso al paraíso. Encontrarlo supone, a nivel simbólico, hallar la brecha que conecta este mundo con *el-mundo-por-venir*. Una vez más nos enfrentamos a la paradoja de la tradición, pues en lo más bajo y detestable se hallaría el secreto del encuentro del hombre con Dios. En esta paradoja se esconde el sentido auténtico del ocultismo y también su gran peligro, ya que pocos hombres se hallan lo suficientemente desnudos como para atravesarlo. Es el lugar temible que conocemos por uno de los más importantes pasajes del Antiguo Testamento: el sueño de Jacob. En su viaje de Beer Sheva a Harán, a la puesta del sol Jacob se detuvo a dormir en lugar muy especial y allí tuvo el famoso sueño:

> Una escalera colocada sobre la tierra, y su cabeza llegaba hasta los cielos; y he aquí a los ángeles de Dios subiendo y bajando por ella. He aquí: el Señor se encontraba sobre ella, y le dijo: «Yo soy el Señor, Dios de Abraham, tu padre, y Dios de Isaac. La tierra sobre la cual estás acostado, te la daré a ti y a tu descendencia». Cuando se despertó dijo: «Ciertamente, el Señor está en este lugar y yo no lo sabía». Tuvo miedo y dijo: «¡Qué temible es este lugar! Esto no es nada si no es la casa de Dios y la puerta de los cielos». (Gn 28,13-17)

Después, Jacob pronunció el nombre del lugar: *Betel*, que en hebreo significa «casa de Dios»; «sin embargo, en primer lugar, *luz* era el nombre de la ciudad» (Gn 28,19).

El lugar en el que se levanta la escalera que une la tierra con el cielo ha sido motivo de muchos comentarios a lo largo de los siglos. A nivel simbólico es el centro del mundo, pero no todos los hombres pueden acceder a él, pues solo es reconocible cuando un ángel lo muestra. *El Mensaje* se muestra taxativo en este sentido: «Queriendo ir directamente a la luz de vida, corremos el riesgo de extenuarnos contra el vidrio de la razón humana y no sentir la corriente de aire de la inspiración divina que viene de la puerta estrecha, escondida en la sombra de nuestra prisión terrestre» (*El Mensaje* 18, 45).

La primera tendencia del espíritu consiste en huir de la encarnación, ya que es una prisión para él, pero las enseñanzas tradicionales guían al buscador en sentido contrario: se trata de encontrar un lugar escondido «en la sombra de nuestra prisión terrestre»; allí es donde se rompe la noche y se abre una brecha por la que se muestra la nueva luz. Esta «puerta estrecha» está en *lutz*, el lugar donde Jacob tuvo la visión de la escalera, es decir, del *axis mundi*. Se trata del centro del mundo porque allí se produce la epifanía en la cual Dios y el ser humano se unen.

En su libro titulado *El rey del mundo*, René Guénon explica el sentido y el lugar de este rey trascendente deteniéndose en el pasaje del sueño de Jacob, sobre todo en el primer nombre del lugar, *lutz*, y escribe lo siguiente sobre él:

> Tal como el hueso contiene la semilla y la médula, este *lutz* abarca los elementos virtuales necesarios para la restauración del ser; y esta restauración se operará bajo la influencia de ese rocío celestial, reedificando los huesos desecados; es a lo que hacen alusión, de la forma más clara, estas palabras de san Pablo: «sembrado en corrupción, resucitará en gloria» (1 Cor 15,42).[4]

Lutz es donde habita la *Shekinah*, es decir, la presencia de Dios en la tierra. Se trata de un lugar imperecedero; he ahí otra paradoja que explica Guénon de un modo muy parecido a como lo hacen las enseñanzas cabalísticas:

> El *lutz*, siendo imperecedero, es en el ser humano el núcleo de inmortalidad, así como el lugar que es designado por el mismo nombre es la «morada de inmortalidad»: ahí se detiene, en ambos casos, el poder del ángel de la muerte. Es en cierta manera el huevo o el embrión del Inmortal; puede compararse también a la crisálida de donde ha de salir la mariposa, comparación que traduce exactamente su papel con relación a la resurrección. Se sitúa el *lutz* hacia la extremidad inferior de la columna vertebral; esto puede parecer bastante extraño, pero se aclara por una comparación con lo que la tradición hindú dice de la fuerza llamada «kundalini», que es una forma de Shakti considerada como inmanente al ser humano. Esta fuerza está representada bajo la figura de una serpiente enrollada sobre sí misma en una región

---

4   R. Guénon, *El rey del mundo*, Buenos Aires, Arnaldo Struhart, 1985, pp. 70-72.

del organismo sutil, correspondiendo precisamente también a la extremidad inferior de la columna vertebral.[5]

El centro del mundo, o el lugar terrible de Jacob, tiene una correspondencia directa con el cuerpo humano, pues, según afirma Guénon, *lutz* es el último hueso de la columna vertebral, al que compara con la cabeza de la serpiente que, cuando se despierta, se convierte en la fuerza de la *kundalini*. Para acceder al cielo, para encontrar la puerta estrecha, es necesario conocer este lugar temible al cual no se puede acceder sin compañía, pues a quien lo intentara lo conduciría a la impiedad, la locura o la muerte. La escalera de Jacob, «colocada sobre la tierra, y (que) su cabeza llegaba hasta los cielos», representa el objeto de la búsqueda hermética. Por ella se asciende y desciende al mismo tiempo; suyo es el arriba y el abajo. Y en el arriba y el abajo unidos está la morada del Señor. Por eso los verdaderos ocultistas insisten en que hay que «conocer la entrada oculta del reino que no perece». La falsa mística —aquella que busca abandonar la encarnación— ha olvidado que Cristo es fruto y raíz, corona y pies, y que es absurdo pretender liberarse de la materia sin antes haber aprendido algo de ella, ya que representa el soporte o fundamento para la escalera que reúne el cielo y la tierra en el Señor. El Señor que entonces es UNO.

En *El Mensaje* se dice que el objetivo de los verdaderos creyentes no es instalarse en este mundo, sino buscar y encontrar el *mundo-por-venir*. Con otras palabras, se trata de encontrar el secreto que se esconde en *lutz*, el secreto de la unión entre el espíritu y la materia.

[5] *Ibid.*

Yo y tú

En este último apartado aparece aquello que da sentido a toda la literatura hermética y que es la unión entre el ser humano y la divinidad, una unión que no solo se produce en espíritu, que también, sino en un cuerpo; un cuerpo, como se indica claramente en el siguiente versículo, puro y resucitado.

> Iré a ti, con las manos llenas de tu vendimia y la espalda encorvada por el peso de tu cosecha, y mi alegría será recibir tu beso de vida y comunicarlo a los hijos que me has confiado, ¡oh, Señor, que colmas la santa obediencia!

> Iré a ti, con el corazón purificado y el espíritu claro dentro de tu cuerpo resucitado, si me envías tu salvación desde este mundo, Señor de amor y de conocimiento verdaderos; porque solo tu esplendor es recibido por tu esplendor y solo tu santa unidad se funde en el Único.
> (*El Mensaje* 40, 1)

Podría decirse que en estos versículos se resume la enseñanza de *El Mensaje,* pues en ellos se afirma que la «salvación [es] desde este mundo». Así, es posible recibir la salvación en el momento de la muerte física, pero también en este mundo, gracias a la muerte iniciática. Aquí reside el misterio de la contemplación y el conocimiento de Dios. Sin embargo, y como explica con claridad Farīd al-Dīn ʿAṭṭār, en la búsqueda de esta contemplación y conocimiento, ni el temor al infierno ni la esperanza del paraíso deberían desempeñar papel alguno:

> Dios mío, si te sirvo por temor al infierno, condéname a que me queme en medio de sus llamas, y, si es por esperanza de llegar al paraíso, impídeme que acceda a él; pero, si, por el contrario, es por amor a ti que te sirvo, entonces, permíteme que contemple tu faz.[1]

En efecto, la contemplación de la faz de Dios va más allá del deseo de una salvación entendida como el producto del temor, y tiene que ver

---

[1] Citado en C. del Tilo, *El libro de Adán…, op. cit.,* p. 201.

con el deseo de la vida no contaminada por el genio de *este-mundo*. Sin embargo, hay que recordar que esta vida acaece en este mundo. Es el gran misterio conocido por los «amigos de Dios», según el pensamiento islámico, o por los «hijos de Dios», según el cristiano.

El versículo de la derecha empieza del siguiente modo: «Iré a ti [...] dentro de tu cuerpo resucitado». Lo que sugiere esta frase provoca que el lenguaje caiga en el absurdo, y quizá sea precisamente entonces cuando se abra la brecha por medio de la cual los místicos se han acercado a expresar lo inexpresable. Así, «iré a ti [...] dentro de tu cuerpo resucitado» podría significar «iré a ti siendo tú», pues la unión entre el yo y el tú es completa. El filósofo Martin Buber dedicó uno de sus libros más conocidos al estudio de la relación entre el yo y el tú del ser humano, que tituló *Yo y tú*. En esta obra escribió lo siguiente respecto del tú del místico:

> Aquel que se acerca al Rostro disfruta de la plena presencia del mundo, alumbrado por la eternidad y puede decir, en una respuesta singular, *Tú* al Ser de todos los seres. Ya no hay distancia entre el mundo y Dios; solo hay la realidad única.[2]

Contemplado en otro sentido, el *yo* citado en el versículo forma parte de la misma eternidad, pues el «yo soy...» solo es auténtico en la divinidad. Esta relación se explica cuando, al final del versículo, se lee: «solo tu esplendor es recibido por tu esplendor y solo tu santa unidad se funde en el Único».

La identidad del yo y la relación entre el yo y el tú representa uno de los grandes temas de la gnosis, puesto que no hay sabiduría comparable a la identidad del yo y el tú en este mundo, tú y yo o el «Señor de dentro, que realiza todas las cosas en ti sin ti» (*El Mensaje* 22, 23). El yo, que no es el yo exterior, constituye, al igual que el tú de Buber, *el-ser-que-es-Dios* en cuerpo y espíritu.

Tratar de comprender la gnosis, sin tener en cuenta la experiencia que conlleva esta relación entre el yo y el tú, genera confusión, y, como se ha visto, idolatría, pues se corre el riesgo de identificar al hombre exterior, en el que todo sucede, con el hombre interior, al que todo le sucede. Sin embargo, solo este último, y nunca el otro, es *el-ser-que-es-Dios*, en quien el yo y el tú representan una misma realidad. En *El Mensaje*, al igual que en todos los libros sabios tra-

---

2 M. Buber, *Yo y tú*, Buenos Aires, Nueva visión, 1982, p. 96.

dicionales, se repite con insistencia: el yo exterior de quien escribe se anula y aparece el nudo del yo interno y el tú universal. Por eso en otro versículo se afirma lo siguiente: «El maligno nunca dice su nombre francamente, prefiere ocultarse bajo una falsa identidad o bien dice "YO". "La corteza". "Soy la esencia, soy la sustancia y soy el nudo", dice el Señor del centro. "La almendra"» (*El Mensaje* 18, 5), en referencia al Señor del centro, el Señor del nudo, de la unión, del yo y el tú por el poder del Espíritu.

Pablo de Tarso enseña en varias de sus cartas el alcance del *ser-que-es-Dios* en cuerpo y espíritu. Entre todas ellas, destaca el capítulo noveno de la Carta a los romanos, en la que el apóstol habla de aquellos que no viven en la carne, sino en el Espíritu, pues este mora en ellos y por eso son uno con Cristo. El misterio reside en el Espíritu de Cristo. En este sentido, Pablo escribía lo siguiente a los cristianos de Roma:

> Si Cristo está en vosotros, el cuerpo a la verdad está muerto a causa del pecado, pero el Espíritu vive a causa de la justicia. Y si el Espíritu de Aquel que levantó de los muertos a Jesús mora en vosotros, el que levantó a Cristo de entre los muertos, vivificará también vuestros cuerpos mortales por su Espíritu, que mora en vosotros. (Rom 9,10-11)

Quienes son guiados por el Espíritu viven en un cuerpo vivificado, pues el Espíritu constituye la vida que no perece. Por eso el texto de Pablo continúa como sigue: «Si vivís conforme a la carne, moriréis, mas si por el Espíritu hacéis morir las obras de la carne, viviréis. Porque todos los que son guiados por el Espíritu de Dios, los tales son hijos de Dios» (Rom 9,13-14). Los hijos de Dios, según enseña Pablo, son herederos de Dios y «coherederos con Cristo». Así pues, quien vive por el Espíritu también puede transmitir su herencia. Y este, precisamente, sería el sentido de la frase del versículo de *El Mensaje*, que supone la base de la transmisión iniciática o hermética: «mi alegría será recibir tu beso de vida y comunicarlo a los hijos que me has confiado». En este beso se halla la unión, el nudo del Espíritu con el espíritu de los hijos de Dios.

La herencia de Dios consiste en vivir el (o por el) Espíritu: «Iré a ti, con el corazón purificado y el espíritu claro dentro de tu cuerpo resucitado». El hombre nuevo, el resucitado, es el hombre lleno del *pneuma* de Dios. También el Libro, como todos los libros santos y sabios, son obra del Espíritu Santo y por eso son recibidos por quienes están habitados por el mismo Espíritu: «Los verdaderos creyentes, los religiosos de corazón, los sencillos y los pobres de Dios recibirán el Libro que los sirve, porque el Espíritu que los habita se reconocerá a sí mismo en el Libro» (*El Mensaje* 38, 36).

El Espíritu es el poder generador del Dios Único. Así lo explica el teólogo Karl Barth al comentar la epístola paulina que hemos citado: «Precisamente por eso, en este «ser movidos por el espíritu», bajo este ataque y bendición de la verdad, en manos del poder, nos conocemos como «hijos de Dios». Barth subraya la expresión «del poder», pues en el Espíritu está la fuerza de todas las fuerzas, la fuerza que engendra, que da y que mantiene la vida, pero que solo puede actuar en el hombre «con el corazón purificado y el espíritu claro», ya que esta pureza es lo que permite que fluya el yo en el tú y el tú en el yo. En este sentido, continúa Barth:

> Cuando me autodenomino «hijo de Dios» quiero decir exactamente lo mismo que cuando aplico a Cristo ese título. Porque no me refiero con ello a mí mismo, nunca jamás a este hombre en este mundo, sino siempre a aquel otro hombre, nuevo e invisible, que está ante Dios, me refiero a ese hombre que yo no soy. Me refiero con ello a Cristo mismo en mí (¡la inaudita paradoja de esta aseveración debería protegerla de verdad frente a la obsesión con la que una teología demasiado práctica gusta de traducir a términos antropológicos aseveraciones cristológicas!).[3]

La antropología no es una cristología; la primera convive con el espíritu astral, mientras que la segunda lo hace con el Espíritu Santo. «Iré a ti», es decir, me uniré con el Espíritu Santo, «con las manos llenas de tu vendimia y la espalda encorvada por el peso de tu cosecha», es decir, llevaré el Espíritu Santo «y mi alegría será recibir tu beso de vida y comunicarlo a los hijos que me has confiado», esto es, transmitiré al Espíritu Santo, «¡oh, Señor que colmas la santa obediencia!», por obra y gracia del Espíritu Santo.

La cristología representa un misterio inaccesible para la razón, pues el lenguaje se revela impotente. Los ojos exteriores no lo ven, ni los oídos exteriores lo oyen; por eso, en la cristología, el nudo del yo y el tú surge a raíz de un nuevo nacimiento tras una muerte iniciática

---

[3] K. Barth, *Carta a los romanos, op. cit.*, p. 361.

conocida en muchas tradiciones como «la muerte del beso». Y ello porque en el beso se confunden los dos soplos o los dos espíritus. En relación con el rito de la confirmación, en el catecismo del Vaticano se lee lo siguiente:

> El obispo extiende las manos sobre todos los confirmandos, gesto que, desde el tiempo de los Apóstoles, es el signo del don del Espíritu. Y el obispo invoca así la efusión del Espíritu: «Dios Todopoderoso, Padre de nuestro Señor Jesucristo, que regeneraste, por el agua y el Espíritu Santo, a estos siervos tuyos y los libraste del pecado: escucha nuestra oración y envía sobre ellos el Espíritu Santo Paráclito...».

El sacramento concluye con el beso de paz, que manifiesta la comunión del Espíritu Santo con el obispo y con todos los fieles. El rito es la imagen del misterio, pero no es el misterio. El misterio está dicho, pero no es efectivo. Emmanuel d'Hooghvorst lo pone en evidencia al afirmar: «Todo está escrito en triste rito, allí donde todo es leído sin el Espíritu Santo».[4]

Los alquimistas, como no podría ser de otro modo, también se refirieron al don del Espíritu en sus obras. Uno de ellos, Heinrich Khunrath, en su *Anfiteatro cristiano-cabalístico, divino-mágico-físico-químico, ter-tri-uno-católico de la Sabiduría eterna, la única verdadera*, no desvela cuáles son las operaciones necesarias para alcanzar el misterio último de la alquimia, pues todos los filósofos hubieran preferido morir antes que divulgarlas, pero insiste en que es el Espíritu quien, necesariamente, debe comenzar la obra de la alquimia. Al Espíritu Santo lo denomina *Ruaj Elohim*, una expresión hebrea que significa «Espíritu de Dios» y que aparece al comienzo de la obra de la creación cuando se dice: «El Espíritu de Dios *[Ruaj Elohim]* se movía sobre la faz de las aguas» (Gn 1,2). Khunrath se refiere a él con su habitual tono grandilocuente y escribe:

> El RUAJ ELOHIM, es *morfe*, o la forma de todas las cosas, interna, esencial; el Alma universal del Mundo; la Virtud sustancial que subsiste por sí misma, causa de que subsista toda criatura de este mundo; la ESENCIA (porque es increada) verdaderamente QUINTA y (para servirme de una expresión muy utilizada) la Naturaleza

---

[4] E. d'Hooghvorst, *El hilo de Penélope I, op. cit.*, p. 340.

propia y sustancial de las cosas. Es la POTENCIA, numen, de DIOS y la Divina Razón insertada en todo el mundo y sus partes, y autor y artesano de todas las cosas.[5]

Este autor explica que el Espíritu Santo, que es forma y no es forma, es materia y no es materia, pues constituye un cuerpo espiritual y espíritu corporal, el origen de la Piedra y de Cristo, el resucitado, por lo que interpela al lector diciendo: «Conoce naturalmente a CRISTO por la Piedra y teosóficamente aprende qué es la Piedra por CRISTO».[6]

Cuando en el versículo se dice «Iré a ti» se entiende que quien va y a quien va es el mismo: el *Ruaj Elohim*. El libro termina con un versículo que lo confirma: «Al verte, Señor, caeremos al suelo, al oír tu voz nos revolcaremos de alegría, al percibir tu olor nos enderezaremos y con tu beso pasarás adentro de nosotros, y viviremos en ti para siempre» (*El Mensaje* 40, 22).

Cuando se recibe el beso se recibe el *Ruaj Elohim*; entonces la salvación del «Señor de amor y de conocimiento verdaderos», que es la resurrección en un cuerpo nuevo, se manifiesta en este mundo. A esta parusía la Escritura la ha denominado «el Reino del Espíritu Santo».

---

5 H. Khunrath, *Amphithéâtre de la Sagesse éternelle*, Milán, Archè, 1975, p. 158.
6 *Ibid.*, p. 160.

ÍNDICE ONOMÁSTICO

Aba, rabí 196, 197
Abahú, rabí 173
Abraham 13, 53, 67, 79, 80, 161, 222, 223
Abulafia, rabí Abraham 145
Abu-l-Hasan al-Nuri 59, 60
Adán 40, 95, 105, 106, 107, 113, 121, 141, 154, 161, 199, 210
Alberto Magno 15, 27, 129
Alciato, Andrea 54
Amida, buda 68
Andreae, Johannes Valentinus 19, 20
Andreu, Agustín 182
Ansembourg, Jean-Marie d' 135
Anubis 205
Apolo 163
Apuleyo 195, 196
Aquino, santo Tomás de 27, 129, 159
Arnau, Juan 90
Avicena 129

Baco 178
Bacon, Roger 129
Bar Yojai, rabí Shimon 66, 67, 69

Barth, Karl 24, 95, 230
Bataillon, Marcel 206
Blavatsky, Helena 70, 152
Buber, Martin 171, 228
Burgonovo, Arcángelo de 202

Calvino, Juan 20
Cam 14
Casaubon, Isaac 18
Catalina de Siena, santa 72, 73
Certeau, Michel de 206
Chrétien de Troyes 137
Cirlot, Victoria 118, 137
Cleary, Thomas 169
Clemente de Alejandría 195
Cleopatra 73, 74
Collesson, Jean 164
Coomaraswamy, Ananda K. 172
Corbin, Henry 25, 26, 75 (nota), 118, 136
Cura de Ars 56
Cusa, Nicolás de 28, 95

Dámaso, Papa 165
David, rey 178
Demócrito 129, 141

Descartes, René 21
Deutz, Rupert de 174
Dite 42
Dogen, Eihei 77, 79
Dorival, Bernard 27

Eckartshausen, Karl von 117
Eckhart, maestro 28, 206, 207, 217, 218, 221, 222
Edipo 48
Eliade, Mircea 14
Eros 168
Esaú 157, 159, 201
Eschenbach, Wolfram von 137
Espagnet, Jean d' 48
Eva 40, 105, 106, 107, 112

Fabre du Bosquet 13
Farīd al-Dīn 'Aṭṭār 227
Ficino, Marsilio 17
Fiore, Gioacchino da 128
Flamel, Nicolas 27 (nota), 89
Fludd, Robert, 21
Foix, François de, 18

Gabriel, 26
Gaffarel, Jacques 201, 202 (nota)
Garal, Juan 73
Gelaleddin 121
Guaita, Stanislas de 57
Guénon, René 28, 29, 65, 66, 69, 70 (nota), 113, 173, 195, 224, 225

Haas, Alois Maria 193
Helías (Elías) 75, 129
Hércules 78
Hermes Trismegisto 13, 14, 15, 16, 17, 18, 23, 25, 26, 35, 56, 61, 62 (nota), 87, 96, 129, 202, 203 (nota)
Hiram 124, 215, 216, 218
Hooghvorst, Charles d' (Carlos del Tilo) 31, 35, 39, 56, 79, 80, 161, 174, 184, 185, 195, 208, 222
Hooghvorst, Emmanuel d' 35, 41, 42 (nota), 52, 54, 55, 61, 62, 66, 67, 74, 75 (nota), 87, 95, 96, 97, 100, 106, 108, 109, 115, 116, 124, 130, 141, 142, 143, 148, 154 (nota), 157, 160, 163, 164, 165, 166, 170, 173, 178, 179, 187, 188, 189, 195, 197 (nota), 200, 205, 208, 231
Hugedé, Norbert 134
Huxley, Aldous 24, 152, 153
Hyakujo 173

Ibn 'Arabi 99 (nota), 136
Inocencio VIII, papa, 18
Isaac 80, 223
Isaías 95, 96, 210
Isis 42, 54, 75, 195, 196

Jacob 31, 55, 80, 157, 158, 159, 188, 201, 223, 224, 225
Jerónimo, san 80, 165, 210
Jesucristo 18, 19, 23, 24, 40, 71, 72, 73, 80, 90, 95, 100, 112, 122, 123, 128, 129, 133, 139, 141, 194, 208, 231
Jonás 121, 123, 124
Juan de la Cruz 206, 207
Juan, san 23, 85, 133, 135, 141, 154, 182, 201, 205, 206, 212
Judas 166
Jung, Carl Gustav 168
Júpiter 78

Khan, Didier 27
Khunrath, Heinrich 194, 231, 232 (nota)
Kieser, Franz 140, 141
Kircher, Athanasius 21

Índice onomástico

Krisna 146, 147, 148
Kung-Tse 116

Llull, Ramon 15, 48, 129
Lubac, Henry de 128
Lucifer 75, 137 (nota), 210, 211
Lutero, Martín 20

Mahoma 99
Maier, Michael 14, 15, 16, 129, 178
Mann, Thomas 167, 170
María la Judía, 129
María, Virgen 100, 112, 174, 194, 195, 209, 210
Marte 179
Mateo, san 166
Médici, Cosme de 17
Moisés 18, 80, 165, 187, 188, 189
Moisés de León 111
Molinos, Miguel de 206
Morieno 129
Musil, Robert 193

Niger Napelius, Nicolaus 200
Nishida, Kitarō 101, 158
Novalis 152

Osiris 75, 96, 142, 143, 195
Ovidio 78

Pablo, san 23, 26, 56, 69, 73, 134, 135, 141, 191, 208, 224, 229
Paracelso 20, 107, 110, 128, 154, 194
Pedraza, Pilar 54
Pernety, Dom 79, 88, 89, 90, 91, 110
Petraeus, Cornelius 44, 49
Pico della Mirandola, Giovanni 18, 19, 32, 94, 95, 139, 140, 141, 154, 183, 185, 190, 191 (nota) 201
Pitágoras 141
Platón 17, 141, 167
Plethon, Gemisto 17

Poimadres 18, 21, 26, 202
Pujol, Òscar 37, 82, 108, 119
Purusa 145, 146, 147

Rosenkreuz, Christian 20
Rumi 172

Saint-Martin, Louis-Claude de 27, 91, 92 (nota)
Salomón, rey 124, 166, 190, 215, 218
Shankara, Adi 37, 38, 82, 119
Sendivogius 129
Senior Zadith 125
Set 96, 143, 195
Sibius, Melchor de 129
Sileno 178, 179
Suzuki, Teitaro 68

Teitelbaum, rabí 171
Teresa de Jesús, santa 206
Tilo, Carlos del (ver Charles d'Hooghvorst)
Tomás 25, 103
Trismosin, Salomon 107

Valentin, Basilio 21
Valery, Paul 182
Valois, Nicolas 42
Vaughan, Henry 31
Vaughan, Thomas 31
Vega, Amador 28, 221, 222
Vigenère, Blaise de 211, 212 (nota), 213
Vilà, Jordi 50, 51
Vilanova, Arnau de 129, 189
Virgilio 42 (nota), 178, 179

Wilhelm, Richard 168
Wilkins, Charles 148

Yates, Francis 18 (nota) 21